学習者端末　活用事例付

国語教科書のわかる教え方

5・6年

谷和樹・長谷川博之〈監修〉
田丸義明・水本和希〈編〉

学芸みらい社
GAKUGEI MIRAISHA

刊行の言葉

谷　和樹（玉川大学教職大学院教授）

「ごんぎつね」という単元名はありません。「読んで考えたことを伝え合おう」が単元名です（東京書籍四年下／令和三年版）。その単元で使用される「教材」が「ごんぎつね」です。「ごんぎつね」を学ぶのではありません。「ごんぎつね」を使って「読んで考えたことを伝え合う」という「学び方」を学ぶのです。授業中、教師も子供たちもそのことを意識しているでしょうか。

「伝え合う」ためには、「何を伝え合うのか」という中身を子供たちが持っていなければなりません。そこで、必要とする「言葉の力」が教科書では示されています。この単元では次の二つです。

①人物どうしの関わりを考える。
②中心人物の変化をとらえる。

たとえば「中心人物の変化をとらえる」ためには、次の理解が前提になります。

ア　人物（一、二年）
イ　人物がしたこと（一、二年）

ウ　中心人物（三、四年）
エ　人物の行動、会話、性格を表す言葉（三、四年）

さらに五、六年になればここから「物語の山場」「情景描写と人物の心情の関連」等へと進みます。こうした「学び方」が、教科書には系統的に示されているのです。各学校にしっかりとしたカリキュラムがあるなら別ですが、そうでなければまずは教科書が示している学び方の系統を確認することが第一です。

もちろん、教科書にも不十分な点はあります。中心人物の変化をとらえるために、言葉と行動と出来事を整理する方法が示されています。しかし、整理したことから「気持ちを想像する」ための手がかりが希薄です。「繰り返される出来事の共通性」や「イメージ語」に着目すること等を楽しく指導するなら授業の熱中度は高まるでしょう。

また、「読んで考えたことを伝え合おう」という単元名なのに、「伝え合う」手立てのヒントがありません。パソコンやタブレット、各種のアプリ等を効果的に使い、書いて伝え合う方法、小グループで伝え合う方法、クラス全体で伝え合う方法等を工夫すれば、さらによい授業になりそうです。

本書は、そうした「教科書の活用方法」「ＩＣＴとの組み合わせ」等の実例を分かりやすく示したものです。多くの先生方のお役に立てば幸いです。

まえがき

向山洋一氏の実践（以下「向山実践」）においては、その多くが学習内容のみならず学習方法をも身につけさせる指導となっている。

たとえば向山型国語の一パーツである、「向山型漢字指導」である。新出漢字を、教師はいちいち教えない。「指書き」「なぞり書き」「写し書き」「テスト」という明確な手順に沿って、子供たちが自ら学んでいく。漢字の学び方を学ばせるから、教師が手を放しても学習が進行するのである。しかも、高い質を保ちながら、である。九割の子供たちが自ら学習を進めていくからこそ、教師は、支援を要する子供たちに対応し得る。

向山型算数も同様である。きわめてシンプルで、構造化された授業を受け続けることで、子供たち自身が算数教科書の使い方を身につけていく。算数の学び方を学び取っていく。「教えられなければ学べない」子供たちが、「自ら学ぶ」子供たちに成長していく。「教師主導の詰め込みだ」という非難を繰り返す者たちには、この点が見えていない。

私自身も、教壇に立って間もない頃から次の理想の実現に挑んできた。

中学教師の最も大切な仕事は、授業で、学び方を学ばせることだ。

教えたいことを直接教えるような授業では、子供たちはいつまで経っても自立（自律）しない。教師が教えるから仕方なく学ぶという受け身状態をいかに抜け出させるか。そこに授業者としての勝負がある。

これは中学生相手の授業に閉じた話ではない。小学生に対する授業でも然り、である。とりわけ高学年ではそうだ。いかに教えるか、ばかりに偏っていては足りない。子供たちがいかに学びを展開していくか。必要に応じてICTを駆使しつつ、いかに学びを深めていくか。

その観点を大切にして、実践をまとめてもらおうとしたのが本書である。

思春期に差し掛かり、教師の権威を疑い始める時期だからこそ、「わかる、できる」授業で熱中させ、さらに、「もっと学びたくなる」授業で子供たちを鍛え、伸ばしたい。若手ライター陣の強い思いが垣間見える論考が寄せられたことをうれしく思う。

本シリーズは「国語教科書のわかる教え方」と銘打たれている。

誰にとって「わかる」のか、だ。無論、次のふたつを含有する。

一　教師にとって、国語教科書の教え方がわかる。

二　子供にとって、国語教科書を使った学び方がわかる。

前者だけの書籍なら数多く存在する。後者まで含めたものは未だ数少ないだろう。

我々TOSSの新たな試みを精密に検討し、ご批正いただければ幸いである。

二〇二二年初夏

長谷川博之（TOSS副代表　NPO法人埼玉教育技術研究所代表理事）

目次

Ⅴ　「有名教材・難単元」のわかる教え方――ICT紐づけ授業づくり

Ⅵ 「このページどうやって授業する」の悩みに応える内容別授業ガイド

Ⅶ コピーして、子供が使える〝振り返り〟チェックシート

「ものの考え方、伝え方」

国語教科書の新しいコンセプトとは 「①語彙力」「②学習ガイド」「③ICT」

▼石田涼太

1 中学につなげる「語彙力」

「語彙力」をつける効果的な指導法は何か。今回の教科書には、「語彙力」を必要とする単元が多く掲載されている。例えば、光村六年上の最初の単元は「ものの考え方、伝え方」、五年でも、「つなげる、ひろげる」だ。これらの単元は、学んだ語彙を基に、相手に伝える表現活動を含んでいる。

表現するには、ある程度の言葉のチョイス、語彙力が必要だ。つまり、高学年では一学期から、語彙の習得とともに、「語彙を使いこなす」ところまで求められている。詳しくは本書で紹介されているが、逆転現象が生まれるという点で向山洋一氏の次の実践を紹介する。初めの単元に入る前に扱う授業として特にオススメする。まず、板書に次の文を写させる。

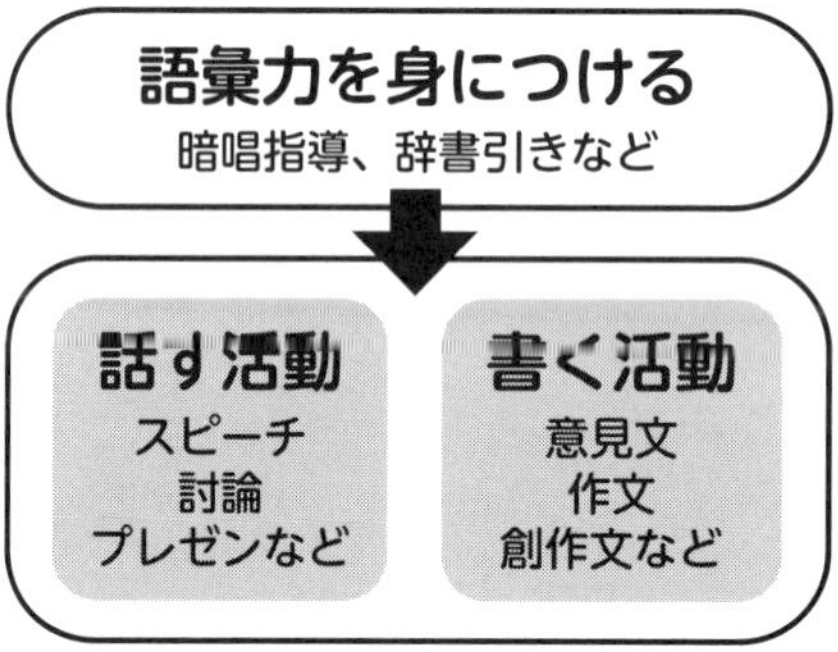

A　教室の中から外を眺めていました。
B　［　　　　　］

Bに入る続きの文を考えさせるのである。書いた文を前に持ってこさせるもよし、板書させるもよしだ。やんちゃな子供が大活躍する。是非、試してみてほしい。Bの文を考え、言葉を入れる活動は、ある程度の「語彙力」を必要とする。文であれ、言葉であれ、表現するには「語彙力」が必要だ。

語彙力をつけるには、辞書とセットで扱うとよい。例えば、光村の巻末「言葉のたから箱」には、語句は載っているが、意味は掲載されていない。そこで

誠実性とは何ですか。辞書で調べなさい。見つけたら立ちます。

と指示する。

この指示だけで熱中状態になる。次々と子供が活動的になる。高学年で扱う語彙は低・中学年と比較して抽象度が増す。抽象的な言葉には、このような活動を取り入れることも検討してみるとよい。

2 学習ガイドを見ながら授業が可能

今回の教科書は、ガイドがより具体的に記されている。

「授業でどの部分を扱えばよいのか」、「何を身につけさせればよいのか」が記されている。

つまり、この学習ガイドを使って授業を組み立てることが可能であり、ある程度の授業の質が保障されることとなる。その具体的な方策については、本書に述べている通りだ。

3 ICTは手段である

先述したような、意見文などでは、辞書引きを「端末」で行うことも可能だ。また、意見を投稿することによって即座に意見の交流を師が集約し、提示することによって即座に意見の交流を行うことも可能である。他にも、文章を端末で打たせたり、QRコードを読み取ったり、さまざまな方法が本書では紹介されている。ICT機器を従来の紙媒体と上手く用いれば、相乗効果が期待できる。文科省も、子供たちが、ICT機器を「文房具」のように使いこなすようにさせることを求めている。ただし、何でもICTを使えばよいわけではない。

ICT機器は子供に「わかった！　できた！」という体験を積ませるあくまで「手段」であり、「目的」ではない。

一人ひとりが一台端末を用いて授業に参加するため方法の選択肢が広がった。本書ではさまざまな実践が紹介されている。大切なことはICT機器を使うことによって、子供たちにどんな力がつくのか、ということである。

学習ガイドページ

学習ガイドページ活用のヒント

国語の教科書は素材集
国語のノートには子供の思考が残る

▼山本雅博

ガイドをそのまま使えばよい

1 国語の教科書は素材集

国語の教科書は「素材集」である。

物語、俳句、短歌、詩、エッセイ（随筆）、説明文など、メインとなる教材が並ぶ。単元として、テーマ毎に、読む・話す聞く・書く・言語事項といったそれぞれの分野から教材が集められている。

それらは皆、学習のための素材である。題材と言ってもよい。

素材（題材）が単元として集められている。そして、素材を使って何を学ぶか、どのように学ぶか、どのように教えるかを示しているのが、学習ガイドページだ。学習の手引きという言い方もある。

学習ガイドページは誰のためにあるかというと、子供たちのためでもあるし、教師のためでもある。新しい教科書では、学び方、学ぶ手順も示されている。できるだけ例示がなされ、教科書をどのように使えばよいか、解説が詳しくなった。「たいせつ」という枠囲みもあり、学習指導要領のどの内容を学習しているか、そのポイントは何かまで書かれている。

> **学習ガイドページも、国語を学ぶための「素材」と考えてよい。**

「たいせつ」には、これまでの授業であれば、教師が板書して示し、子供たちはノートに写して学習していた内容が、まとめられている。

> **教科書をそのまま、まとめとして使えばよい。**

「内容を整理した例」「発表の例」などは、教師がフォーマットとして示すときの例示に使えばよい。教科書は少々難しい言葉で書かれているので、教室に合わせて、教師が簡略化して示してあげればよい。
説明が詳しくなった教科書で、教師の教材研究の時間が少なくて済む一面もある。活用の仕方次第だ。

2 文章を読むモノサシとして教える

例えば、「要旨」について定義と読み取り方が書かれているページを授業する(光村図書五年46・56ページ)。

発問:要旨とは何ですか。

子供たちは教科書をそのまま読めばよい。二つ書かれている。「一つ目は何ですか?」などと問えば、「筆者が文章で取り上げている内容の中心となる事がら」「筆者の考えの中心となる事がら」と答えるだろう。
教科書をそのまま使い、定義を教えられる。

発問:筆者の考えはどこに書かれていますか。

「初めや終わり」である。

発問:どのように書いてあることが多いのですか。

「直接的に」である。

発問:他にはどこに表れることが多いのですか。

「事例」「理由」「考え」を答えるだろう。教科書のそこに、赤鉛筆でマルをつけさせるとよい。

3 国語のノートには子供の思考が残る

教科書のガイドをそのまま使うので、板書をノートに写す時間が減る。その時間を、子供の思考の時間にしたい。
文章を読み取ったり、話し合いをしたり、発表や討論をする時間に使える。言語活動を通して思考したことを、国語のノートに書いてまとめたい。
国語のノートには子供の思考が蓄積される。毎時間の積み重ねが学力となる。

俳句

ICTページ活用のヒント

ICT活用の新しい学力を考えるヒント

▼吉田知寛

1 新しい学力×ICT

新指導要領では「生きて働く知識及び技能の習得」、「未知の状況にも対応できる思考力、判断力、表現力等の育成」、「学びを人生や社会に生かそうとする学びに向かう力、人間性等の涵養」を進めていくことが重要視されている。そのため、ICTを最大限活用しながら、「個別最適な学び」と「協働的な学び」の一体的な充実が求められている。

2 学習者端末×個別最適な学び

「学ぶ」ことは「真似る」ことから始まる。例えば、作文の授業では、例文を写させることから始まる。例文を写させた後、自分自身で作らせる。ここで、すぐに作文できる子供もいれば、手が止まってしまう子供もいる。

そのような時に、学習者端末を活用すれば、見本となる子供のノートを全員にそのまますぐに送ることができる。次の写真は、実際に、学習者端末を活用して送った子供のノートである。

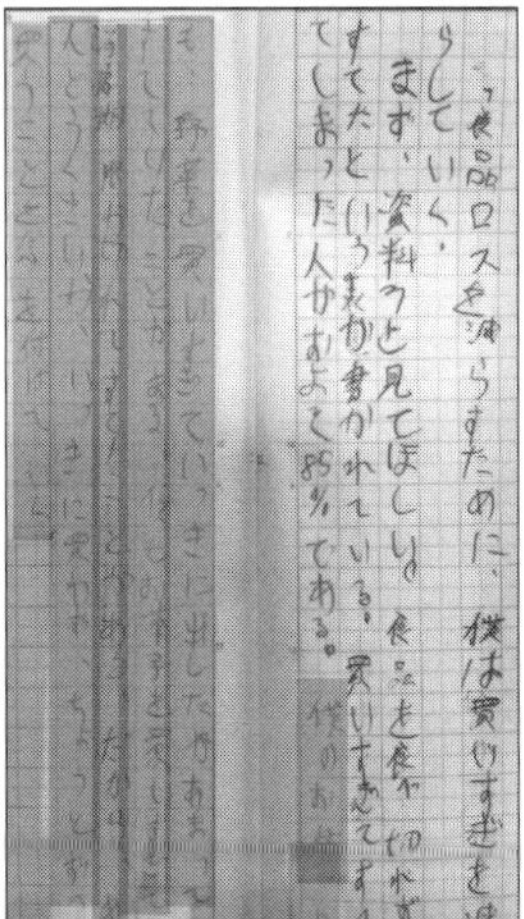

左半分をマーキングしている。これは、他の子供にも真似をしてほしい部分である。この子供は自分の経験を根拠に、「食品ロスを減らすために『買いすぎ』を減らしていくべきだ」と述べている。

学習者端末を活用することによって、七割以上の子供が「経験」を根拠にして、自分の意見をまとめることができた。他にも、「複数の資料」から根拠を示している作文、具体的な「数値」を示している作文を見本として、学習者端末で送った。その際、より効果を高めるために次のような指導をした。

指示：手を止めます。
発問：「経験」、「複数の資料」、「数値」。使えているものはどれですか？
指示：三つのうちこれから意識するものを決めます。
指示：続きを書きます。

3 学習者端末×協働的な学び

（1）問題作り

次の俳句で五年生の子供に問題作りをさせた。

まさをなる　空よりしだれ　ざくらかな
富安　風声

子供が作成した全問題のうち、似たような問題、答えが確定できる問題を除くと四二種類の問題が出てきた。
例えば、次のような問題である。

①「しだれざくら」は本当に「まさをなる空」よりよいのか。
②話者は「しだれざくら」を見ているのか、「空」を見ているのか。
③思い出か、現実か。

問題を学習者端末のアプリに入力させた。アプリを活用することで、すぐに一覧にすることができる。学習者端末がない時は子供のノートをコピーして問題集にしていた。

（2）討論

「問題作り」をさせた後、次のように進めた。
①教師が取り上げた問題を解かせる。
→子供に問題の一覧表に答えを入力させる。
②子供の解答からテーマを決めて討論をさせる。
→例えば、「空より」の「より」を「比較」として捉えている子供と「起点」として捉えている子供がいた。これを討論のテーマとした。

「大造じいさんとガン」

高学年「読む」単元で「語彙力」を高める指導法 「大造じいさんとガン」(光村図書)

▼武友陽一

1 語句を調べる指導法

(1) 単元について

「大造じいさんとガン」は多くの教科書で扱われている教材で、情景描写が取り入れられている物語文である。語句については、子供が普段使用しないものも多く、教材文の内容理解のためには、語句を調べ、語彙を豊かにしていくことが効果的である。

(2) 辞書引きで語彙を増やす

一人一台情報端末が提供されているが、子供の語彙を増やしていくために、辞書引きをさせると効果的である。活動は以下のように進めていく。

> **指示：今からいう言葉を辞書を使って調べなさい。見つけた人は立ちます。**

教師が調べる語句を板書し、子供を立たせていく。そして早い順番に、「一番、二番…」と順位を付けていく。その後、一番早く引けた子供に意味を読ませるようにする。その際、違う辞書を持ってきている子供にも意味を読ませ、発表させる。そうすることで、辞書の違いによる解釈の違いを学ばせることができる。

(3) 調べさせる語句について

教師が調べさせる語句は、教科書指導書別冊(通称赤刷りと言われているもの)を参照するとよい。赤刷りを見ると、重要語句について※印で示されている。「大造じいさんとガン」では、以下の語句が示されている。

> **かりゅうど　ふもと　かざし　山家　ろばた**
> **頭領　いまいましい　タニシ　たかが　感嘆**
> **例によって　あんばい　案の定　形跡**
> **会心のえみ　あかつき　してやられた　計略**
> **おとり　小屋がけ　じゅうしん**
> **ひとあわふかせる　くらます**

実際の授業では、このリストから、毎時間五つ程度出題していくとよい。

2 語彙を広げる指導法

(1) 教科書の語句の類義語や対義語も扱う

教科書に載っている語句について、その語句の意味について扱うとともに、意味が似たような言葉(類義語)や反対の意味の言葉(対義語)も扱うようにすると、子供の語彙を広げることができる。全国学力・学習状況調査の国語の記述問題では、字数を合わせるために、語句を言い換える必要が生じることがある。そのため、子供の語彙を豊かにし、増やしていくことが効果的である。

例えば、「大造じいさんとガン」では、「かりゅうど」という語句が出ている。そこで、「かりゅうど」と「ハンター」の違いを検討させる活動を取り入れるとよいのである。

> **指示：「かりゅうど」という言葉を辞書で調べなさい。**
> **発問：「かりゅうど」と似た言葉には何がありますか。**
> **指示：「かりゅうど」と「ハンター」の違いがわかるように、辞書で調べて、ノートにまとめなさい。**

このように、「かりゅうど」と「ハンター」の違いについて、調べ学習を実施し、ノートにまとめさせていくことで、両者の違いについての語彙を深めていくのである。なお、「かりゅうど」と「ハンター」の違いは、以下の通りである。

> **狩人：狩猟を職とする人。猟師。かりうど。**
> **猟師：狩猟を職業とする人。かりゅうど。**
> **ハンター：猟をする人。狩猟家。鳥・獣・魚などの動物にも用いることがある。**
> ※いずれも『デジタル大辞泉』(小学館)より引用

(2) 語句を使った文を考えさせる

教科書に出てきている語句を使った文を作成させる活動を取り入れることで、意味を知る「意味語彙」とともに、使い方がわかる「使用語彙」を増やすことができる。

「大造じいさんとガン」では、大造じいさんが残雪のことをどう思っているかを表現している語句があるので、それを使って文を作らせるとよい。例えば、「いまいましい」や「たかが」などである。ここでは、「いまいましい」について扱った授業の流れを示す。

指示：「いまいましい」という言葉を辞書で調べなさい。
いまいましい：非常に腹立たしく感じる。しゃくにさわる。※『デジタル大辞泉』（小学館）

辞書引き競争の要領で、順位を付けていき、一番早く引けた子供に意味を発表させる。

指示：「いまいましい」を使った文をノートに書きなさい。

全体で意味を確認した後、「いまいましい」を使った文をノートに書かせる。その後、書けた子供からノートを持ってこさせ、黒板に書かせる。なお、この活動は黒板に板書させる代わりに、一人一台情報端末を活用し、「スプレッドシート」や「メンチメーター」などに入力させ、共有化するのも効果的である。

一通り書けた後は、書いた子供に発表させ、検討させるようにするとよい。

また、向山氏の実践には、次のような「□しい」の授業もあるので、それも併せて実施すると語彙を広げることができる。

指示：□しいの□に入る言葉をできるだけたくさん考えてノートに書きなさい。

できた言葉を黒板に板書させ、一通り出た後、□しい～と名詞を付け加えさせるとよい。

（3）情景描写による表現の検討

「大造じいさんとガン」では、人物の心情や性格を、色などの情景による表現が多く用いられている。そこで、情景描写による表現に着目させる。それによって、子供の文章による表現の幅を広げることができ、語彙力を高めていくことにもつながる。

この作品での情景描写は以下のものがある。

- **美しくかがやいている。**
- **あかつきの光が、小屋の中にすがすがしく流れ込んでくる。**

・青くすんだ空
・東の空が真っ赤に燃える
・白い羽毛があかつきの空に光って散る。
・羽が、白い花弁のように、すんだ空に飛び散った。
・らんまんとさいたスモモの花が、その羽にふれて、雪のように清らかに、はらはらと散った。

授業では、情景描写が使われている文を列挙させ、それぞれの文の表現における心情について検討させる。さらに、違う色に変えたり、情景描写を用いなかったりして、どう違うかについても扱うようにする。

指示：情景をえがいた文をノートに書き出しなさい。

教科書の文章から、情景描写が使用されている文を探させ、ノートに書き出していく。

指示：一つの文を選び、大造じいさんの心情について、検討しなさい。

色などに着目させながら、登場人物の心情について検討させる。

（4）心情を表す言葉の辞書づくり

教科書巻末には、心情を表す言葉の一覧が掲載されている。そこで、向山洋一氏の「辞書づくり」の授業を追試し、心情を表す言葉の辞書を作成させる。

指示：辞書を作る人になったつもりで言葉の意味を考えます。「ほほえましい」という意味を考えなさい。考えたらノートに書きます。

子供たちにノートを持って来させ、黒板に次々と書かせるようにする。学習者端末を活用する場合は、班で意味を考える言葉を分担し、取り組んで共有化してもよい。

〈参考文献〉
・『国語の授業の腕が上がる新法則』（学芸みらい社）
・『国語授業の新法則5年生編』（学芸みらい社）

「たのしみは」

高学年「書く」単元で「語彙力」を高める指導法「たのしみは」（光村図書）

▼吉田知寛

1 単元について

（1）学習の進め方

教科書には、学習の進め方について次のように書かれている。

決めよう 集めよう	① 短歌にしたい場面を決める。
組み立てよう	② 短歌を作る。
書こう	③ 表現を工夫する。
つなげよう	④ 短冊に書いて、読み合う。
ふりかえろう	

指導計画は、例えば、次のようになる。

第一時：短歌を作る練習をする。
短歌にしたい場面を決める。
第二時：短歌を作る。
第三時：表現を工夫する。
第四時：短冊に書いて、読み合う。

（2）学習端末活用場面

学習端末は「書こう③表現を工夫する」の場面で活用させる。子供が作成した短歌を学習端末に入力させ、一覧にする。一覧を見て、アドバイスを送るようにさせる。

2 第一時：短歌を作る練習

「たのしみは」の短歌は、「たのしみは」で始まり、「時」で結ぶ短歌である。この型を使って、短歌を作成させる。

短歌を作る学習は、この単元で初めてのことである。したがって、「易」から「難」への組み立てで、授業を進めていく。そうすることで、多作させることができる。多作させることで、短歌のリズムを体にしみこませることができる。次の写真は、実際に筆者が授業で使った授業コンテンツの画面である。

> **共通点は何か？**
>
> たのしみは　妻子むつまじく　うちつどひ　頭ならべて　物をくふ時
>
> たのしみは　朝おきいでて　昨日まで　無かりし花の　咲ける見る時
>
> たのしみは　三人の子ども　すくすくと　大きくなれる　姿みる時

> **○に言葉を入れなさい。**
>
> たのしみは　休み時間に　友達と　鬼ごっこして　○○○○○時
>
> たのしみは　休み時間に　友達と　○○○○○○　○○○○○時

> **○に言葉を入れなさい。**
>
> たのしみは　休み時間に　友達と　鬼ごっこして　○○○○○時

> **○に言葉を入れなさい。**
>
> たのしみは　休み時間に　友達と　鬼ごっこして　○○○○○時
>
> たのしみは　休み時間に　友達と　○○○○○○　○○○○○時
>
> たのしみは　休み時間に　○○○○○　○○○○○○　○○○○○時

❸第二時：短歌を作る

（1）短歌を作る

まずは、全員に「たのしみは」で始まり、「時」で結ぶ短歌を作らせる。この時に、手がつかない子供もいる。そのような場合、上記の授業コンテンツを見せる。そのコンテンツを参考にして作ってもよいことを伝える。

「たのしみは」で始まり、「時」で結ぶ短歌を作ることができたら、書き出しを変えて作成してもよいことを伝える。例えば、筆者は、次のような書き出しを提示した。

- 喜びは～
- 悲しみは～
- 苦しみは～
- 学校は～
- 勉強は～

もちろん、これらの言葉以外の書き出しを使わせてもよい。結びは各自考えるようにさせる。

（2）学習指導要領との関連

高学年の語彙指導について、学習指導要領には次のように書かれている。

語感や言葉の使い方に対する感覚とは、言葉や、文、文章について、その正しさや適切さを判断したり、美しさ、柔らかさ、リズムなどを感じ取ったりする感覚のこと

短歌を作成させることで、「美しさ」や「リズム」などを感じ取らせることができる。

また、次のようにも書かれている。

語句と語句との関係を理解することは、語感を高めたり、言葉の使い方に対する感覚を豊かにしたりすることにもつながる

前述したように、書き出しに合う結びの言葉を考えるようにさせることは、語句と語句との関係を理解させることにつながる。

4 第三時：表現を工夫する

(1) 学習端末で一覧作成

前時に、子供はいくつかの短歌を作成している。その中で、自分が最もよいと思う短歌一首を学習端末に入力させる。全員の短歌を一覧できる表を作成するのである。

1	名前	短歌
2	[redacted]	楽しみは　休み時間に　友達と　遊び回って　笑い合う時
3		楽しみは　休み時間に　友達と　語り合って　笑い合う時
4		楽しみは　登校中の　友達と　色々話す　珍しい時
5		楽しみは　休み時間に　友達と　校舎の中で　話し合う時
6		楽しみは　つかれた休日　妹と　日を浴びながら　遊んでる時
7		楽しみは　休み時間に　校庭で　たくさん走り　遊び合う時
8		楽しみは　休み時間に　授業の時の　討論で　みんなの意見　聞いている時
9		楽しみは　休み時間に　教室で　ワイワイ話し　笑い合う時
10		悲しみは　家にいる時　弟が　病気になって　熱が出た時
11		楽しみは　毎日夜に　妹と　トランプをして　遊び合う時
12		悲しみは　家に帰ったその時に　ペットバイバイ　いなかった時
13		楽しみは　休みの日に　親友と　親友と　一緒に遊び　笑い合う時
14		悔しいは　できる限りに　頑張って　それでも負けて　耐えている時
15		教室は　先生生徒集まって　共に勉強　行う所
16		寒い日は　一日ずっと　家の中　私にとって　残念な時
17		台風は　大雨起こして　たくさんの　災害起こす　最悪な物
18		苦しみは　川で溺れて　息できない　助け呼ぼうと　もがいている時
19		悲しみは　学校行く前　弟に　自分の持ち物　たたかれる時
20		悲しみは　大好きな物　奪われて　そして最後に　壊された時
21		楽しみは　休み時間に　鬼ごっこ　日を浴びながら　走ってる時
22		悲しみは　塾の帰りに　父母に　テストを見せて　怒られる時
23		喜びは　眠い時に　横になり　10時間以上　寝られる時
24		楽しみは　夏休み中　船に乗り　大きな魚　釣り上げた時
25		楽しみは　朝の時間に　友達と　タブレット開け　課題やる時

(2) クラスメイトの短歌にコメント入力

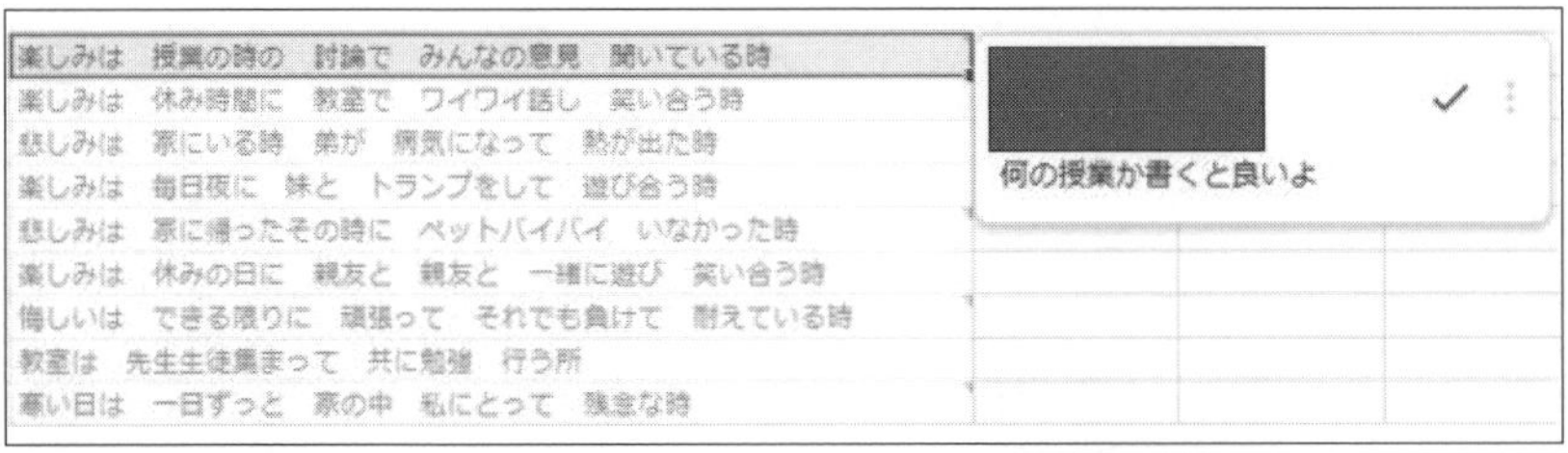

楽しみは　授業の時の　討論で　みんなの意見　聞いている時
楽しみは　休み時間に　教室で　ワイワイ話し　笑い合う時
悲しみは　家にいる時　弟が　病気になって　熱が出た時
楽しみは　毎日夜に　妹と　トランプをして　遊び合う時
悲しみは　家に帰ったその時に　ペットバイバイ　いなかった時
楽しみは　休みの日に　親友と　親友と　一緒に遊び　笑い合う時
悔しいは　できる限りに　頑張って　それでも負けて　耐えている時
教室は　先生生徒集まって　共に勉強　行う所
寒い日は　一日ずっと　家の中　私にとって　残念な時
[redacted]
何の授業か書くと良いよ

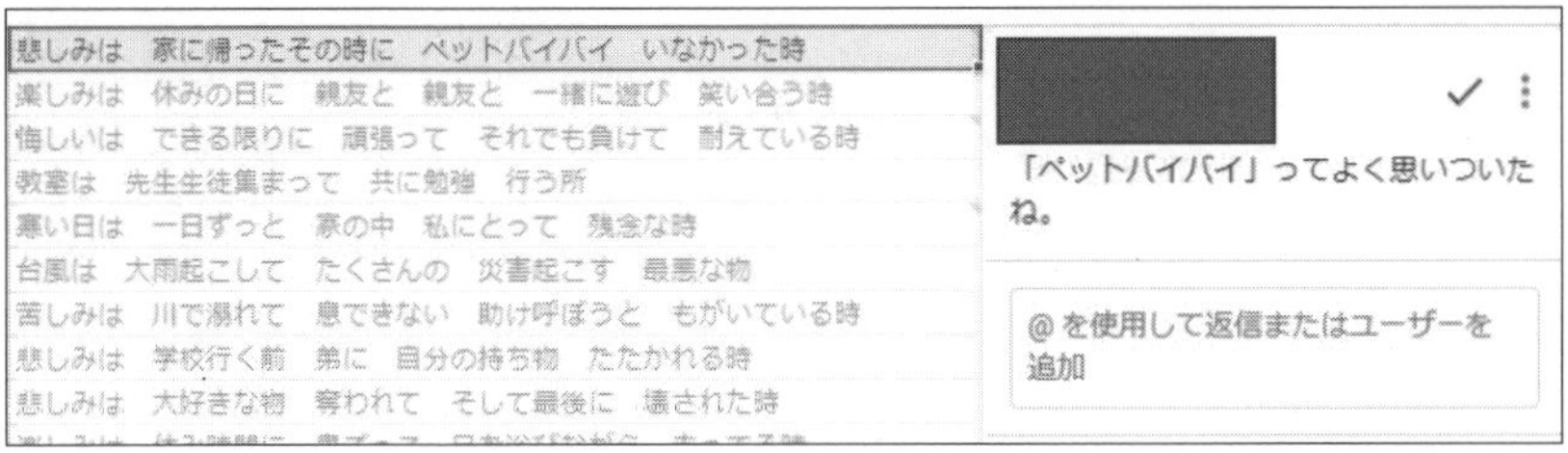

悲しみは　家に帰ったその時に　ペットバイバイ　いなかった時
楽しみは　休みの日に　親友と　親友と　一緒に遊び　笑い合う時
悔しいは　できる限りに　頑張って　それでも負けて　耐えている時
教室は　先生生徒集まって　共に勉強　行う所
寒い日は　一日ずっと　家の中　私にとって　残念な時
台風は　大雨起こして　たくさんの　災害起こす　最悪な物
苦しみは　川で溺れて　息できない　助け呼ぼうと　もがいている時
悲しみは　学校行く前　弟に　自分の持ち物　たたかれる時
悲しみは　大好きな物　奪われて　そして最後に　壊された時
[redacted]
「ペットバイバイ」ってよく思いついたね。
@を使用して返信またはユーザーを追加

入力させた短歌にコメントを入力させる。例えば、次のようになる。

　コメントを入力させる場合、初めは入力する人を指定した方がよい。コメントをもらえない子供が出てくる可能性があるからだ。例えば、班の人の短歌にコメントしてから他班の人の短歌にコメントをしてもよいことを伝える。

　クラスメイトからもらったコメントをもとに、自分の短歌を修正させる。例えば、上の写真では「授業の時の」を「国語の授業の」という言葉に修正していた。

5 第四時：短冊に書いて読み合う

(1) 短歌を短冊に書かせる

短歌を短冊に書かせる。時間調整のため、早く終わった子供には短冊に絵を描かせるとよい。

(2) 歌会

「歌会始の儀」に入選すると、天皇皇后両陛下の前で披露できる。これを子供に伝えた上で、学級代表を三首程度決める。その三首を校長先生の前で読み上げさせる。このような催しを仕組むことで、子供に目的意識が生まれる。

　また、教師もいくつか賞を設けておくとよい。そうすることで、活躍できる子供が増える。

「伝わる表現を選ぼう」

高学年「言語」単元で「語彙力」を高める指導法
「伝わる表現を選ぼう」（光村図書）

▼辻　拓也

1 相手に応じた言葉を選ぼう

お知らせを全員に読ませて、次を問う。

発問：「校外学習」は一年生にわかる言葉ですか。

これは、わからない。そこで次を問う。

発問：どう変えると、一年生にわかりますか。

数名に言わせる。「遠足」、「おでかけ」、「外での勉強」、などが出てくる。どの意見も言えたことを褒める。発言した子を前に出し、黒板に意見を書かせる。意見が出し尽くされたところで、教師が意見に番号をつけ、問う。

説明：最も一年生にわかりやすい言葉をこの中から一つ選びます。
発問：明らかに違うのはどれですか。

意見のある子に言わせる。あれば理由を言わせる。黒板に書かせた子に確認し、反論がなければ"／"を入れる。反論があれば、言わせて、もう一度全体に意見を聞く。明らかに違う意見を減らしてから、さらに消去法で二つにまで絞る。次のように指示する。

説明：どれもいい意見ですが、この中から選ぶために、消去法でしぼります。
発問：この中で一つ削るとするならばどれですか。
指示：当てはまるものに手を挙げなさい。

挙手させて、一番多かった意見を削る。二つに絞るまで続けて、次を問う。

発問：どちらが、いいですか。

分布をとり、さらに問う。

発問：なぜいいのですか。
指示：理由をノートに書きなさい。

ノートに書かせた後、人数の少ない方から意見を言わせる。意見が出尽くしたら、多い方から意見を言わせる。いずれも出し尽くした後、次を問う。

発問：誰かの意見に言いたいことや聞きたいことはありますか。こんな考え方もある、という別の意見がある人はいますか。

意見が出れば言わせる。なければ、再度人数を確認し、一つを確定させる。

以上、ここまでの活動の中で、「短く」「漢字は少なく」「一年生が体験して（知って）いること」「具体的に」「簡単」など、子供の意見の中にどんな言葉を選ぶとよいかの解釈規則を共有できる。三つのポイントが教科書に書いてある。三つを子供に読ませる。

ここからはテンポを早める。

発問：「こん虫採集」はこのままでいいですか、書きかえますか。

「書きかえます」となる。

発問：どんな言葉に書きかえますか。

数名に言わせる。「虫とり」「虫をとる」などが出てくる。これは比較的簡単である。見当違いの意見のみ指摘して、削る。

発問：先生は次、何というと思いますか。

「行くに」「行くにあたり」、あるいは「各自」ということもある。ここは「行くにあたり」を扱う。

指示：書きかえなさい。

「あたり」はわからない。
意味を調べたい、という子が出てきたら、大いに褒めて、辞書やタブレットで意味を調べさせる。「行く前に」「行くときに」などが出てくる。
ここでは「わからないときは辞書やタブレットを使って調べる」活動をさせるにとどめ、次を指示する。

指示：ここまでの言葉をつなぎあわせて、一年生にもわかる文に書きかえなさい。
指示：書けたら、先生に見せにいらっしゃい。

ノートを持ってきた子を褒めて、黒板に書かせる。書き方が思いつかない、わからない子は黒板を写してもよいと伝える。
黒板に書かせた意見を一人一人に読ませる。
番号をふり、次を問う。

発問：一番いいのはどれですか。
指示：手を挙げなさい。

一つずつ、人数を確認する。数名になぜいいと考えたのか理由を言わせて次を指示する。

指示：次の行も同じようにやってごらんなさい。
指示：書けたら、先生に見せにいらっしゃい。

同様にノートを持ってこさせ、黒板に書かせる。わからない子は黒板を写させる。
言わせた後、先ほどと同様に進める。
理由を言わせた後、二つに分けた文章をつなげて表現させる。その際、一歩突っ込んで次を問う。

指示：二つに分けて考えた文章をつなげて完成させます。一年生がもっとわくわくするような表現に書きかえなさい。

同様に、ノートに書かせて、持ってこさせ、黒板に書かせて全員で共有した後、検討する。
先ほどと同様の手順で、明らかに検討にそぐわない作文を削り、消去法で一つずつ絞って二つにしてからどちらがいいかを検討させる。
「一年生がわくわくする」を検討に入れることで、表現の幅は広がる。

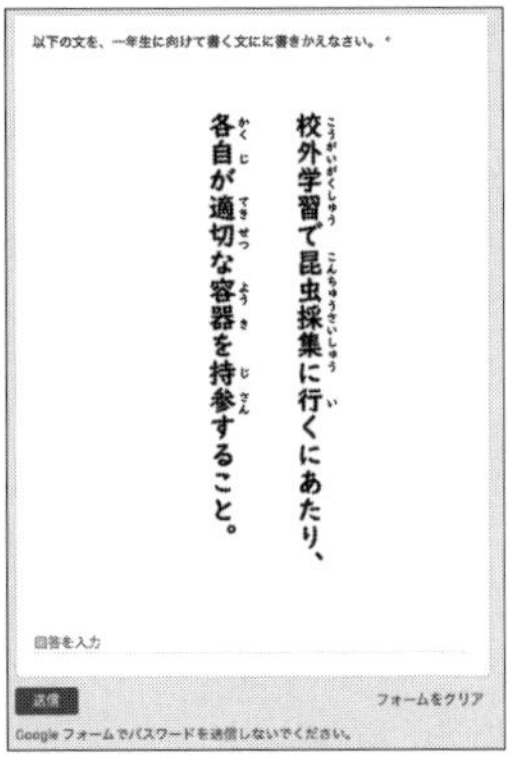

以上の流れを黒板ではなく、タブレットを使って意見を交流することもできる。例えばGoogleフォームを使って、意見を入力させて、教師がスプレッドシート等を使って全員分を共有するといい。

❷ 意図に応じた言葉を選ぼう

絵の言葉について、検討させる。

発問：褒め言葉として「独特だね」は何点ですか。

点数をつけさせ、数名に発表させる。

指示：今つけた点数よりも、点数の高い褒め言葉を箇条書きでできるだけたくさんノートに書きなさい。

ノートに書かせた後、言わせる。それぞれが言った言葉の中でいいなと思ったものをメモさせる。語彙力を増やすには「書く」ことだ。書いていない子には「後で見せてもらいますよ」と詰める。言い終わった後、次を指示する。

指示：この言葉はよかったなと思った意見を発表しなさい。

級友の考えた言葉でよかったものを言い合う。
次の「3　言葉や表現に気をつけて、手紙を書こう」は、

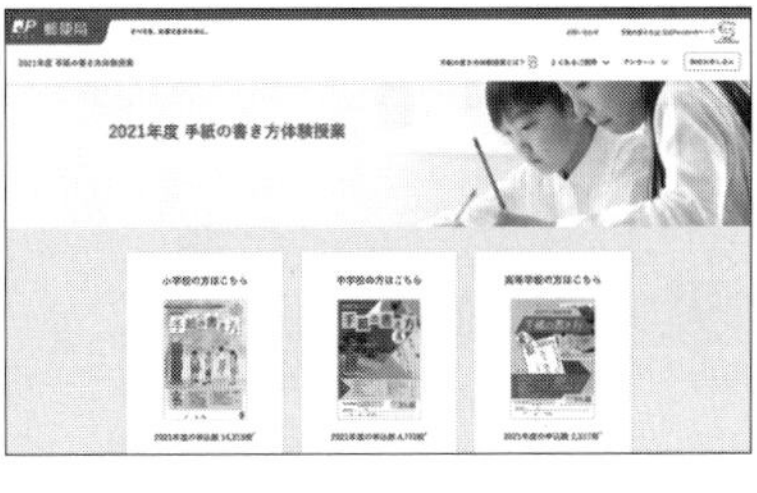

例をそのまま活用するよりも「お世話になった6年生に向けて」など、身近な場面を設定して書かせる方が書きやすい。
手紙の書き方も含めて指導するのがいい。郵便テキストを活用するのがおすすめだ。次のサイトで申し込みできる。
(https://www.schoolpost.jp)

「帰り道」

【読むこと】

「読む」単元の「学習ガイド」ページの見方・考え方

▼服部賢一

学習ガイドページはそのままでは授業がしにくい。指示が通りやすいように数字を振り、発問・指示をより具体的にして扱おう。

1 学習ガイドの構造を調べる（光村図書の場合）

見開き二ページで構成された「学習」ページがある。基本的な指導の流れとしては上部にある「見通しをもとう」「とらえよう」から「ふりかえろう」までの六段階である。さらに、それぞれが「●」と「・」で構成されている。

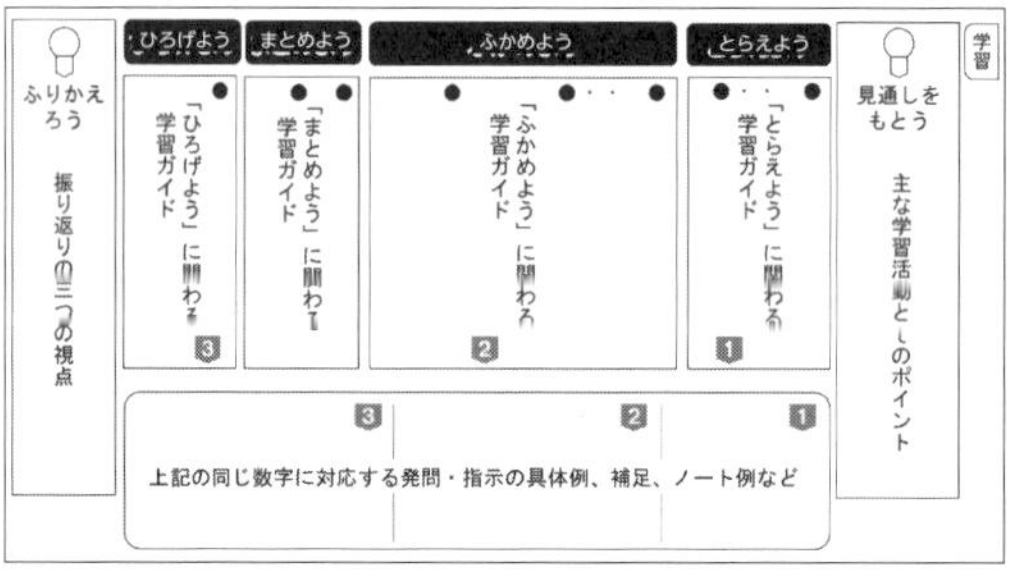

「●」と「・」の関係は様々である。「●」が説明で「・」が発問や指示の場合もあれば、「●」が指示で「・」が指示内容の補足の場合もある。ページごとに読み取っていくしかない。

例えば六年物語文「帰り道」の「●」と「・」の語尾をいくつか見てみよう。大きく二つに分けられる。

発問：「〜何か」「〜だろう」「〜だろうか」
指示：「確かめよう」「音読しよう」「話そう」

この発問・指示のまま授業をすると、教室が混乱する場面が出てくるだろう。そこで、これらの発問・指示がスムーズにいくような手立てを紹介する。

2 数字を振らせる

発問を扱うとしよう。問いの答えがどこにあるか確定するためには、教材文に数字を振らせるとよい。

物語文の場合は、場面や事件に分け、数字を振らせる。説明文の場合は、形式段落に数字を振らせる。

これにより、この後の答えの確認作業がしやすくなり、答えを確定しやすくなる。

また、ガイドの「●」と「・」にも今後の発問・指示・説明を分かりやすくするために通し番号を振らせるとよい。「●」には括弧が付いた数字を通して振らせる。「・」には丸数字を振らせる。例えば右ページの「とらえよう」であれば下図のようになる。これにより「(1)の②の問題です」のように説明ができる。

(1)●　①・　②・　(2)●

3 発問・指示をさらに具体的にする

「帰り道」の(1)①となるガイドの文章は「発問」である。発問はそのままではなく、「発問＋指示」の形にする。こうすると子供たちの活動が活性化する。

「共通点と異なる点は何か」を考えます。まず「共通点」です。最初の「共通点」となる場面のうち、「律」の場面の数字をノートに書きなさい。

この後、数字を確定する。様々な展開があり得る。

書けたらノートを見せに来なさい。○○さん、数字を言ってごらんなさい。隣りの子と確認しなさい。

子供の実態に合わせて進めたい。

他にも発問・指示によって次のような具体的な展開が可能だろう。

◆「心情が伝わるように音読しよう」
→三通りの読み方で読んでごらんなさい。
→一人ずつ○行目の文を読んでもらいます。
◆「いくつの事例を挙げて説明しているだろうか」
→ノートに「○つ」と書きなさい。
→事例の一つ目は何段落に書いてありますか。
**　ノートに「○段落」と書きなさい。**
◆「どんな人物が出てくるか」
→「登場人物」の定義を写しましょう。
→ノートに登場人物を書きなさい。
→黒板に書きに行きなさい。

このように、「発問＋指示」の形にして進めていく。

「あなたは、どう考える」

【書くこと】

「書く」単元の「学習ガイド」ページの見方・考え方

▼服部賢一

学習ガイドページでは具体的な発問・指示を考えよう。

1 学習ガイドの構造を調べる（光村図書の場合）

「読む」単元と「書く」単元とでは、「学習」ページの構成が大きく異なる。

「書く」単元では、最初のページの下部に一覧があり、「●確かめよう」「●学習の進め方」「●ふりかえろう」の三つで構成されている。

「●学習の進め方」には、「決めようあつめよう」から「つなげよう」までの四つのステップがある。どれも端的に学習内容が書かれていて、とても分かりやすい。

数字の学習内容と各ページが対応しているので、ここで全体像を確認しておくとよい。

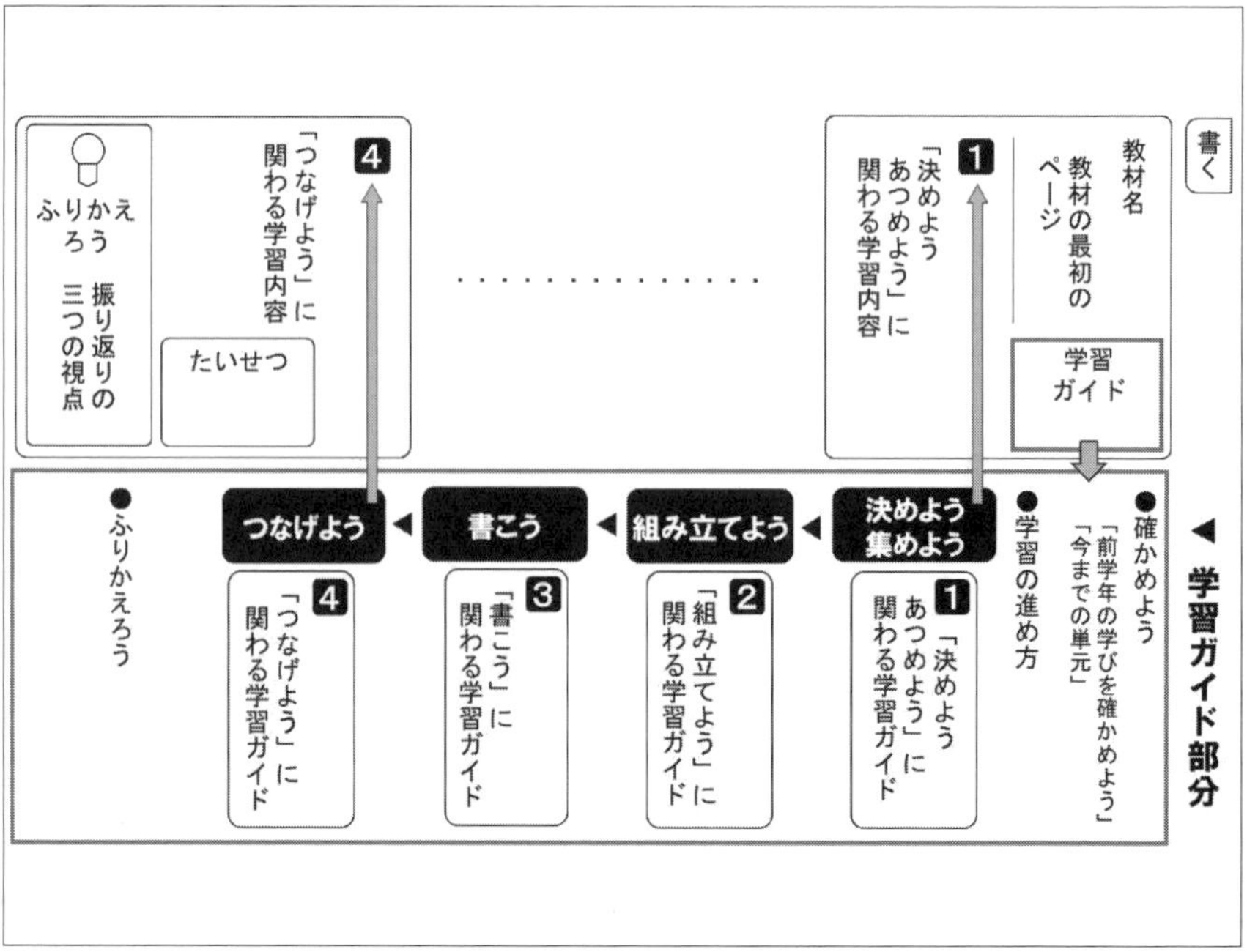

2 学習ガイドの扱い方

(1) 系統性を意識させる

五年生、174ページ「あなたは、どう考える」なら、次のようになるだろう。

今日から「あなたは、どう考える」の勉強を始めます。1行目、「読み手が納得する意見文を書こう」ということなんですね。
その下、「確かめよう」とあります。下を見ると「8ページ」を見て下さいと書いてあります。8ページを見てみましょう。

8ページには、五年生で学習した「書く」内容とともに四年生で学んだ「書く」内容が一覧になっている。

他の単元でも同じことだが、ここを確認することで、系統性を意識することができる。

(2) 事前に準備をさせる

短歌や俳句を作る単元、推薦文や提案文、報告文を書く単元など、さまざまな単元がある。

学習ガイドの「決めよう集めよう」のステップを見ると、「場面を決める」「材料を集める」「すいせんしたい本を選ぶ」「提案のための資料を集める」等となっている。

最初の時間にいきなりこれらの内容を行うのは難しい。単元に入る一週間ほど前にノートを開かせ、気付いた時に記録できるスペースを作っておくと、単元に入った時にすぐに学習に入ることができる。

(3) 「視写」の作業を入れる

「学習の進め方」では、どの単元も三つ目のステップに「書こう」がある。ここに子供の作文例が載っている。

この作文例を読んで終わりにしていないだろうか。

ここでは、次のように写す作業を入れたい。

作文が上手になるためには、よい文章を写す作業がとても効果的です。写すことで、言葉の遣い方や作文の構成などを学ぶことができます。
178ページに木原良さんの作文例が載っています。この文章をノートに写します。

視写の作業を入れることで作文力も上がっていく。

「季節の言葉」

【知識・技能（3）言語文化】

「言語」単元の「学習ガイド」ページの見方・考え方

▼武友陽一

1 五年「季節の言葉」（光村図書）

（1）言語単元について

教科書でいう言語単元は、教科書の目次に「ことば」と書いてある単元が該当する。

「言語」単元に学習の手引きはなく、大きな単元の間にあるものとして学習することになっている。該当するものとして漢字の広場と季節の言葉が挙げられる。

中でも季節の言葉は、年間四回、季節ごとに配置されており、俳句や短歌で扱う季語や二十四節気といった季節を表す言葉が示されている。さらに、それぞれの四季に応じた短歌や俳句が紹介されている。

このページでは、季節の言葉についての語彙を増やすとともに、季節に応じた短歌や俳句に親しませ、作らせることが主な目的となっている。

（2）授業の進め方

①季節の言葉についての語彙を増やす

指示：先生の後について読みます。花冷え
子供：花冷え　教師：花冷え　子供：花冷え

教科書の季節の言葉を繰り返し言わせ、練習させる。回数は、二回繰り返し、一回繰り返し、子供だけの順番で進めていく。授業の最初の時間の短時間に練習できるように、フラッシュカードを作成し、取り組んでもよい。また、一人一台情報端末を活用し、フラッシュカードを「Google スライド」で作成したものを配布し、子供の端末で自主練習をさせることも可能である。

指示：教科書に載っている季節の言葉の意味を調べなさい。

季節の言葉についても辞書引きをさせることで語彙を豊かにすることができる。

②教科書の季節の短歌や俳句について扱う

教科書の季節の言葉のページでは、それぞれの季節で、「枕草子」の文章が扱われている。そこで、枕草子の文章と現代語訳を読ませて、それぞれの季節らしいと感じるものをノートに書き出させるとよい。

※春の空を例に
指示：枕草子の文章から、春らしいと感じるものをノートに書き出しなさい。
指示：（枕草子を扱った後で）自分が春らしいと感じるものや様子をノートに箇条書きしなさい。

その後、黒板に板書させるなどして、意見交流させるとよい。さらに、他の子供の意見を書き足していくことで季節の言葉の語彙を増やすことができる。

ここでの学習は、季節の言葉の語彙を増やすことが目的となっており、季節の短歌や俳句作りの知識を蓄えていくことに役立つようになっている。また、五年生の国語の教科書には、俳句作りの書くことと単元である「日常を十七音で」があるので、それと関連付けて、季語を増やしていくと効果的である。

③「季語」を俳句作りで使う指導

俳句を作っていく活動では、場面や様子、出来事などを記した上で、それに合う季語を選ぶ必要がある。

指示：印象に残った場面や出来事などを五・七、または、七・五で書きなさい。

日常の場面や出来事などを十二文字で表現させる。例えば、「運動場でおにごっこ」などである。

指示：場面に合う季語を選んで俳句を完成させなさい。

次に、その場面や様子に合う季語を入れさせる。例えば、暖かい風に吹かれておにごっこして楽しかった様子だと「春の風」などを季語として選ぶとよい。どのような季語があるかについては、辞書で調べさせたり、学習者の情報端末を活用して、「季語」や「歳時記」と検索させるとよい。

「熟語の成り立ち」

【知識及び技能（1）オ　語句の構成】

熟語の成り立ち
クイズレット（Quizlet）で習熟させる

▼村上　睦

1 漢字二字の熟語の成り立ちを教える

（1）基礎的な知識を習得させる

「強弱」と板書。

何と読みますか？（きょうじゃく）
どういう意味ですか？（強いと弱い）
反対の意味の組み合わせですね。

上下矢印で結ぶ。テンポよく進める。

「寒冷」と板書。

何と読みますか？（かんれい）
意味は？（寒いと冷たい）
二つの字はどんな組み合わせですか？（似た字）

意味が似ている組み合わせです。

二つの字を「＝」で結ぶ。余計な解説はしない。

「深海」と板書。

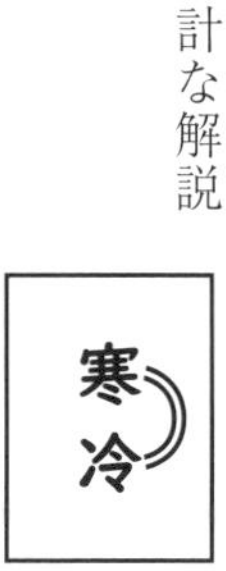

読み方は？（しんかい）意味は？（深い海）

次、先生は何と聞くと思いますか？

「二つの字はどんな組み合わせか？」

その通り。お隣さんに説明しなさい。

言えそうな子に指名する。
「上の字が下の字を修飾（説明）している」上から下に矢印を結ぶ。

組み合わせの種類、他にもあると思いますか？

予想させる。「消火」と板書。

これは？

口々に言わせる。

「火を消す」と、下から上に戻って読みますね。

「帰国」と板書。これも口々に言わせる。

「国に帰る」ですね。このように、「〜を」「〜に」という字が下にある組み合わせです。

下から上へ矢印を書く。

二字熟語の成り立ちには、この四種類があります。

教科書で確認する。

100ページ。「漢字二字の熟語」から読みます。

一斉読みで9行目まで読む。

「収納」はどんな組み合わせですか？（似た意味の漢字の組み合わせ）

「縦横」「山頂」「洗顔」も同様に言わせて確認する。

その後、黒板に書いてある例も含めて、「『強弱』はどんな組み合わせですか？」のように問題形式で確認する。

（2）応用問題で習熟させる

ここからクイズレット（Quizlet）というアプリを使って習熟させていく（https://quizlet.com/ja）。※問題の作成については後述。

端末を使って、教師が作成したクイズレットのページを開かせる（ページのURLを送信するか、QRコードを表示して読み込ませると早い）。

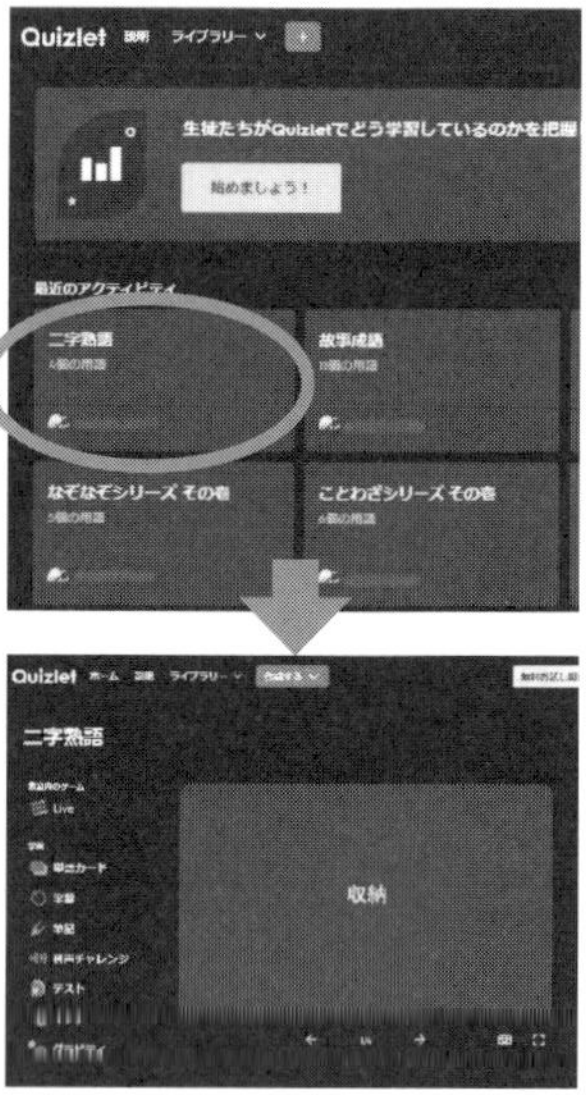

「学習」または「単語カード」で二字熟語と成り立ちを覚えます。

「用語＝二字熟語」を見て、「定義＝成り立ち」を答える形にするには、「オプション」の設定で「定義」を答えるようにする。

しばらく時間をとって復習させる。

今からチーム戦をします。

教師画面の「Live」メニューを開く。

「従来の Quizlet Live」を選んでQRコードを表示し、読み込ませる（教師の端末を子供に向ける）。

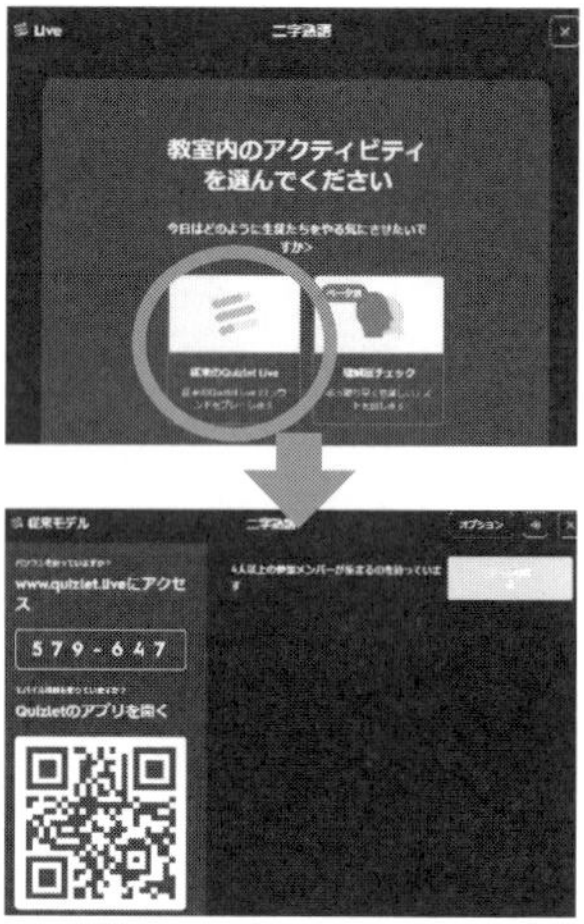

子供たちが参加状態になったらチーム戦を始める。リアルタイムで各チームの得点が表示されるので、画面に映しておくとわかりやすい。

「学習セット」を、他の二字熟語で何セットか作っておくと、さらに習熟が図れる。

2 漢字三字の熟語の成り立ちを教える

100ページの下。漢字三字の熟語。説明を読みます。「高性能」はどんな成り立ちですか。

「上の語が下の語の性質・状態などを限定するもの」「高」と「性能」をそれぞれ○で囲ませ、「一字＋二字（性質・状態）」と板書する。同様に、説明を読んで成り立ちを確

認していく（全部で五種類）。

これも、クイズレットで学習セットを作っておく。「用語」に「高性能」、「定義」に「一字＋二字（性質・状態）」というふうに入力しておくのだ。応用問題も用意しておけば、さらに習熟を図れる。

3 漢字四字以上の熟語を探して習熟する

漢字四字以上の熟語についても、説明を音読し、「春夏秋冬」の成り立ちを確認して「春」「夏」「秋」「冬」にそれぞれ○を付ける。他の語も同様に成り立ちを確認していく。

漢字四字以上の熟語を教科書から探して、ノートに書きます。書けたら見せに来なさい。

一つ書けたら持ってこさせ、合格なら黒板に書かせる。他の教科書や資料集から探してもよい。

次は、できるだけ長い熟語を自分で考えて書いてごらんなさい。

どんどん黒板に書かせると盛り上がる。

4 クイズレットの準備方法

・クイズレット（https://quizlet.com/ja）にログインする（URLのホーム画面から、メールアドレスで登録またはGoogleなどのアカウントでログインできる）。

・「＋」ボタンで学習セットを新規作成。

・タイトルを「二字熟語」などと付ける。

・「用語」に二字熟語を、「定義」に「組み合わせ」を入力する（※「定義」の言葉が六種類以上ないと「Live」モードが使えないので、表現を変えて入力する必要がある。例…「似ている意味」と「似た意味」など）。

・「作成する」ボタンで完了。

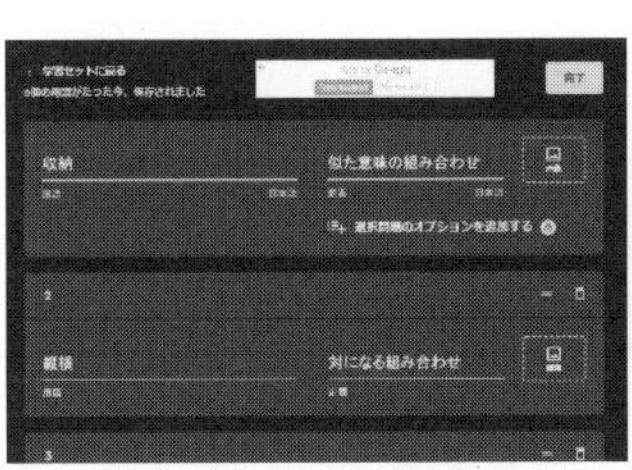

「固有種が教えてくれること」

【読むこと、書くこと】
★読むこと―「○○を読み取りなさい」の一言で読みが一気に深まる
★書くこと― 学研キッズネット「辞典」を活用せよ

▼森田智宏

1 教科書QRコードをフル活用する

（1）一つの指示で学びを劇的に深める

光村図書をはじめとして現在使用されている教科書にはQRコードが付いているものが多い。

一人一台端末が整備された今、教科書QRコードを活用することにより、極めて容易に文章に関する写真や資料を読み取ることが可能になった。今までは、インターネットで見つけた資料を印刷し、拡大印刷機にかけ、授業で掲示する。あるいは、全員分印刷して一人一人に資料を配るという風景が授業の主流であった。教材を用意することは極めて重要な教師の仕事であったが、その労力は大変なものであった。端末がもたらした恩恵をフルに活用していきたい。例えば文章を子供が読み進める上で前提条件となる情報やイメージを持っておかなければ読みを深めていくことはできない。例えば、大造じいさんとガンにおいて、ガンとは何か、たたみ糸とは何か、タニシとは何かというイメージを持っていなければ読み進めていくことはできない。

今回は光村図書「固有種が教えてくれること」を例に、QRコードを活用した教材の展開パーツ例を紹介する。

指示：138ページ2行目に「アマミノクロウサギ」というウサギが登場しますね。「アマミノクロウサギ」はどんなウサギだと予想しますか。予想をノートに書きなさい。

まずは自分の考えをノートに書く。「クロウサギだから黒色かな」「ちょっと怖いウサギなのかな」という予想が出るだろう。次に、

指示：下のQRコードを読み取りなさい。

と指示をする。ＱＲコードの読み取り指示はこれのみであり、一言一句ぶれることはない。１３８ページのＱＲコードを読み取ると、アマミノクロウサギの写真が大きく表示される。非常に鮮明な写真であり、ウサギの毛並みまでハッキリと見ることができる。ズームイン・ズームアウトも自由自在にできるため、全体像も部分像も自分の興味関心に沿って見ることが可能である。

指示：写真を見て、わかったこと・思ったこと・気づいたことをノートに箇条書きで書きなさい。

鮮明な写真が手元にあるからこそ、様々な意見を引き出すことができる。また、クラスメイトが出した意見も手元の写真で容易に確認することができる。

また、１４５ページに付いているＱＲコードを読み取ると、教科書本文に合った関連資料が表示される。

教科書に掲載されている資料・グラフを裏付け、関連する資料がふんだんに出てくる。

イメージしにくいところ、文章の根拠となる資料が載っているところにあるＱＲコードをフルに活用することで、文章を読み取る精度が大きく変わる。タブレットが当たり前になった今だからこそ、少しの工夫で子供の大きな成長を引き出すことができる。

（２）学びのリンク集を「お気に入りバー」に入れておく

光村図書のホームページに行くと、各教科を選択するところから「リンク集」のページに飛ぶことができる(mitsumura- tosho.co.jp)。

このような、授業にすぐに役立つリンク集のページを子供の端末のお気に入りバーに登録しておくことで、いつでも学習を振り返ることが可能になる。ぜひお試しいただきたい。

＊お気に入りバーへの登録方法はこちら

２ 学研キッズネットの「辞典」を使用し、書きに深みを

（１）関連する言葉まで調べる癖をつける

調べ学習をはじめとした書く活動において、調べた情報をそのまま書いたような記述になってしまうケースが起こる。原因の一つとして、調べが浅いことが考えられる。

一つの言葉に対して、一つのことだけを調べると、どうしてもそのまま写したようなものになってしまう。

それを解消してくれるのが、学研キッズネットの「辞典」機能である（https://kids.gakken.co.jp/jiten/）。

学習に役立つ言葉が随時追加される機能が搭載されており、全ての言葉にルビが振られている。

また、例えば「バリアフリー」と検索すると、バリアフリーだけでなく、バリアフリーに関する言葉まで一気に検索される。

（2）光村図書「みんなが過ごしやすい町へ」を例にした使い方

この単元では、町を過ごしやすいものにするための工夫について、

- **情報を収集し、**
- **文章の構成を考え、**
- **報告文を書き、**
- **読み合って感想を伝え合う。**

という流れの単元である。

この単元で使用したいものは二つ。

- **学研キッズネット「辞典」**
- **ボイスレコーダー**

例えば、「バリアフリー」と検索すると、「住宅版エコポイント制度」「バリアフリーの社会」「バリアフリー」「ユニバーサルデザイン」「路面電車」が表示される。

バリアフリーに関する情報が様々な観点から検索されるので、書く内容に深みを持たせることができる。

発問：バリアフリーについて「辞典」で調べなさい。
指示：わかったこと、気づいたこと、思ったことを箇条書きで書きなさい。

この一つの指示でバリアフリーについて様々な視点から検索・調査できる。バリアフリーの概念をはじめ、具体的にどのような場面でバリアフリーが活用されているのかが一瞬でわかるのだ。

また、「書く」単元で重要なのが、「推敲」の活動である。書き上げたものをブラッシュアップしていく上で、効果的なものが「ボイスレコーダー」である。自分自身が書き上げたものを声に出して読み、録音する。それを聞き返すことで、文章のねじれや、主述の整合性、文のリズム・調子などに気付くことができる。今までは教師に赤ペンを入れられ、それに合わせて直していくことが主流であったが、ボイスレコーダーを使用することで飛躍的に楽に文を磨き上げることができる。

教科書に付いているQRコード、端末に最初から入っているボイスレコーダーなど、わざわざ新しいアプリ等をインストールしなくても活用できるものが豊富に存在している。「すでにあるもの」を十分に活用するだけでも、学習効果を飛躍的に高めることは可能である。

〈参考資料〉保坂雅幸『国語〝説明文教材〟の新読解ワークシート26 ―コピーしてすぐ使える！全学年・全単元収録！―』学芸みらい社、2022年、89頁

言葉の意味が分かること①

名前（　　　　）

辞書で調べたり、イメージしたりして、「言葉」について考えましょう。

(1) 言葉の意味調べをしましょう。うすい文字は、なぞりましょう。

言葉	意味
特徴	他とくらべて、特に目立つところ。

(2) あなたが辞書を作る人になったつもりで、次の言葉を説明しましょう。また、実際には辞書にどのように書かれているのか調べましょう。

言葉	説明	辞書
青		
右		
猫《ねこ》		

(3) あなたは次の言葉から、どのようなものをイメージしますか。絵でかいてみましょう。また、インターネットで画像検索（がぞうけんさく）を行い、どのような形や色、大きさのものがあるのか調べましょう。

かご

肉

コップ

「狂言　柿山伏」

【読むこと、書くこと】
★読むこと—動画を使って調べ学習を行う　★書くこと—発想を広げるアプリを使用する

▼服部賢一

1 動画視聴で学習する

（1）NHK for School

NHK for Schoolは、各教科、さまざまな動画が用意されているサイトである。今回紹介するのは「おうちで学ぼう！このサイトの使い方！NHK for School」のページである。

このページの紹介をしているのは東北大学大学院教授の堀田龍也氏。情報教育では日本を代表する方である。

ここでは番組を家庭で学習する際に使用する場合のステップが書かれている。家庭ではなく学校で視聴させる際にも参考となるだろう。

以下、六つのステップがある。

①「家庭学習のノート」を用意する
②インターネットでNHK for Schoolにアクセス
③見る前に！　どんな番組だろう？　タイトルをもとに、こんな番組かなと予想してみる
④番組を見る
⑤ノートに「どんな番組だったか」その内容をまとめる
⑥ノートを見せながら、誰かに話す

この六つのステップをもとに、実際の授業ではどのように組み立てていくのかを紹介する。

2「柿山伏」の動画で調べ学習

光村図書に「狂言柿山伏」の教材がある。教科書を見ると、狂言の言葉がそのまま記載されている。なんとか読めるだろうが、「独特の調子」までは伝わってこない。

NHK for Schoolには「おはなしのくにクラシック狂言『柿山伏』」がある。これを使って、登場人物の台詞ややり取り、所作等を調べる学習を計画する。

❸ 実際に授業で使用する場合の発問・指示

先ほどの六ステップを応用して授業を展開する。教科書の「狂言柿山伏」は、一度は読ませておく。

(1) ノートを用意する

指示：ノートの新しいページを開けましょう。
一行目に日付を書きましょう。

新しい学習をする場合には、ノートも新しいページから書き始めるようにすると、復習もしやすくなるため、おすすめである。

(2) (教師が) NHK for Schoolにアクセスする

一人一台端末の時代であるが、初めての学習の仕方のため、教師がやり方を示すとよい。教室のテレビ等でNHK for Schoolにアクセスするまでの検索の仕方やページの辿り方も見せておく。

テレビ画面に「おはなしのくにクラシック狂言『柿山伏』」を提示し、次のように言う。

説明：今日はこのページを学習します。
指示：タイトルを写します。

(3) タイトルをもとに、番組の内容を予想する

指示：写したタイトルの下に、「予想」と書きます。
このタイトルと画面から、「どんな番組かな？」と予想したことを書いてみましょう。

タイトルと最初の画面だけでは予想が書けない子供がいたら、予想を書いた子供の何人かに発表させ、参考にさせるとよいだろう。

(4) 番組を見る

説明：今から番組を見ます。およそ10分です。番組を見ながら、次の三つのことについてノートに書いておきます（①から③は板書をする）。

「①柿主や山伏の台詞の言い方
②柿主と山伏との台詞のやり取り
③柿主や山伏のしぐさ」についてです。

①であれば声の大きさや話す速さ、言葉のアクセントはどうだったか。②であれば台詞のやり取りで面白かったところはどこか。③であれば、どのようなしぐさがあるのか、また、その時に使われている言葉はどんなものがあったのか、などです。

全部を書くことが難しそうであれば、自分で①から③のどこに焦点を当てて番組を見るか、一つか二つ選び、目標を決めましょう。

このように、どこに注目して見るのかを伝えておく。

(5) ノートに「どんな番組だったか」、その内容をまとめる

「まとめる」という言葉が子供たちにとっては分かりにくい。ここを分かりやすく伝える必要がある。

説明：「まとめる」とありますね。大きく言って二つの方法があります。一つ目は「内容」を箇条書きにする方法です。先ほど番組を見ながらノートに書いたことのうち、「台詞の言い方」「台詞のやり取り」などの同じ内容を続けて書くといいでしょう。

ここで「内容」を箇条書きにし、その後に「感想」を書く方法を黒板で例示する。箇条書きは数字を付けて書くようにする。この方法のよさは、思い出したことがバラバラでも、視覚的に統一感が出ることである。

内容
①柿主が足で床を強く踏んで、誰かに鉄砲などを持ってこさせようとリズムをつけていた。
②途中で山伏と柿主の声が重なるところがあった。
③所作という言葉を使っていた。
④所作には洗たくをする場面や、茶わんをわる所作があった。

感想
声の出し方が、低い音を出すような出し方だった。自分で出してみるとどんな感じになるのかやってみたいと思った。

説明：二つ目は「内容」を書いてから「感想」を書く方法です。「内容」は作文のように、続けて書いていってかまいません。

こちらも黒板で例を示すとよい。

(6) ノートを見せながら、友達に話す

学級がスタートして間もない頃であれば、多くの子供とかかわる場面をもたせた方がよい。いろいろな友達と関わり、学級を作っていくということを体感させることができる。この動画を使った学習方法は、NHK for School の動画ではなくても応用可能であろう。

4「書く題材」を共同作業で調べる

(1) マインドマップ

光村図書「思い出を言葉に」の学習では、学校生活の中で一番印象に残っていることを書く活動を行う。

最初の段階で印象に残っていることを出し合う場面がある。

この時に使えるアプリが「coggle」である。オンラインでマインドマップを作ることができる（https://coggle.it/）。

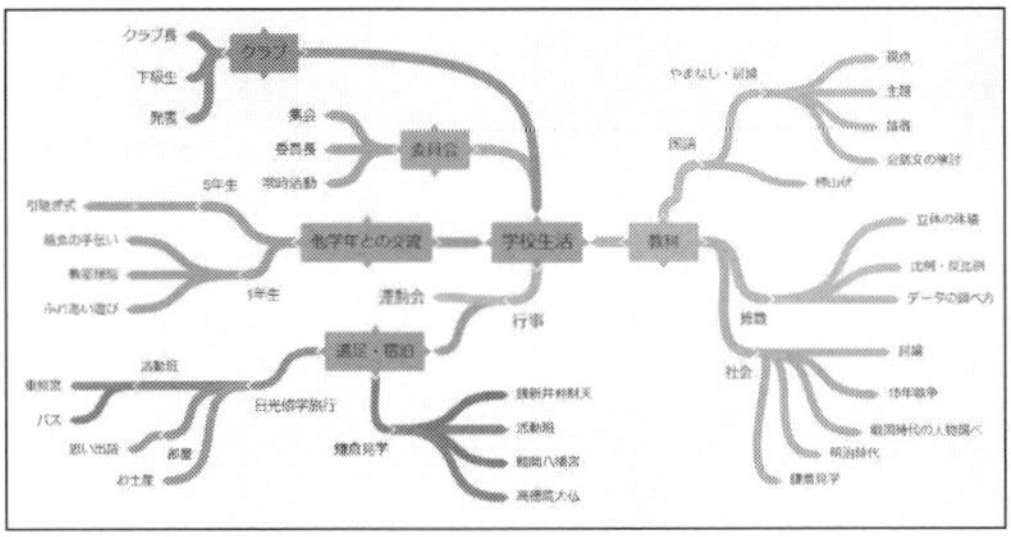

URLを共有すれば、同時に複数人で書き込むことができる。一人一台端末を効果的に活用できるだろう。

(2) 食について調べる

光村図書「日本文化を発信しよう」では例として和食が取り上げられている。学習ガイドの二つ目に「くわしく調べよう」がある。各グループで調べる活動である。

ここでお勧めしたいのが「明治の食育」サイトである（https://www.meiji.co.jp/meiji-shokuiku/）。

「和食」や「世界の食事と文化」について、大変わかりやすく紹介されている。

このサイトを使って調べた情報を集める段階で、前項で紹介した「coggle」を使うこともできる。

共同作業を行えば、作業の効率化が図れるだろう。

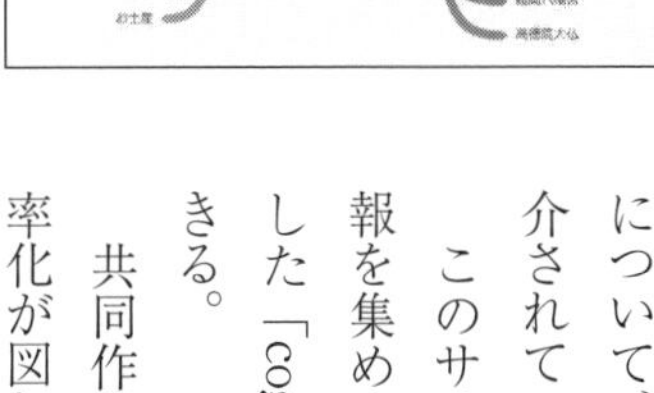

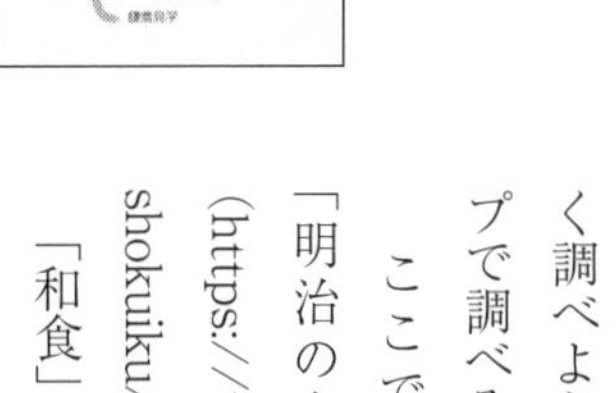

「敬語」

【言葉の特徴や使い方・話すこと・聞くこと】
スクラッチで学ぶ尊敬語と謙譲語
敬語変換くん

▼五十嵐貴弘

1 尊敬語と謙譲語は「動作の主体」で見分ける

「敬語」で使い分けが難しいのが、尊敬語と謙譲語である。大人でも誤用することがある。二つの違いは「動作の主体」である。

「少し待ってね。」「少しお待ちください。」どちらが敬語ですか。

「少しお待ちください。」です。

敬意を表すための丁寧な言葉遣いを敬語といいます。待つのは誰ですか。

お客さんです。

その動作をする人を動作の主体といいます。尊敬語。動作の主体は誰ですか。

目上の人です。

2 敬語変換くん

スクラッチのコンテンツを見せる。「敬語変換くん」(五十嵐作成)を使う。

(https://scratch.mit.edu/projects/647902822/editor/)

スクラッチは、緑の旗マークを押すとスタートする。紫色の言葉を尊敬語のスペースにドラッグし、スペースを押すと変換される。緑の旗マークを押すと再スタートできるので何回でも楽しめる。

教室の大型スクリーンにコンテンツを映し、問う。

「食べる」を尊敬語にしなさい。

子供たちから、「お食べになる」「食べなさる」「食べられる」など様々な意見が出る。

どれも笑顔で受け入れる。

正解を見せる。「召し上がる」である。あぁ〜。と子供たちから声が上がる。

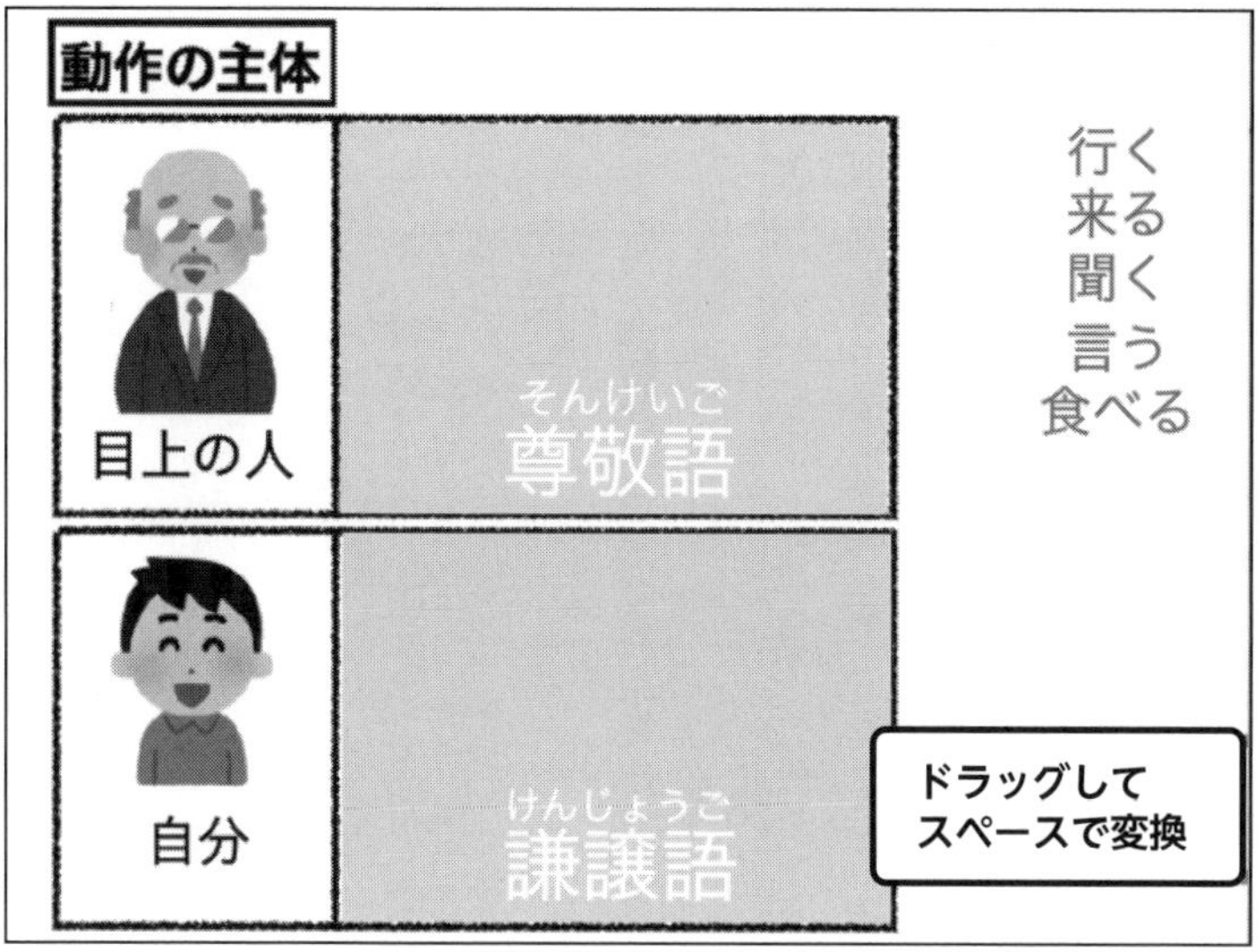

「食べる」を謙譲語にしなさい。

近くの人と相談させる。これも様々出て盛り上がる。

「いただく」である。

敬語変換くんを自分で使ってみたい人？

一人一台端末にスクラッチのアドレスを送る。すると、どの子も自分の端末で操作することができる。五分程度、自由に触らせる。

一度端末を閉じ、教科書を開かせる。

教科書に丁寧語・尊敬語・謙譲語についての記載がある。丁寧語は低学年時から、教科書で学んでいる。学習指導要領でもそのように記載されている。そのため、さらりと扱う程度にする。

尊敬語、謙譲語に関する記述を読ませる。

尊敬語を使って文章を作ります。
①〜④のパターンで作りなさい。
四種類全部できたら黒板に書いてもらいます。

思いつかない子は教科書の例文や黒板の意見をそっくり写すよう伝える。様々な意見が黒板に並ぶ。書いた子に読ませる。明らかな間違いは全員で検討し、修正する。教師は、どの意見に対しても「すごいなぁ。」「賢いなぁ。」と反応すると、発表した子は喜び、他の子は盛り上がる。とりわけ、誰も書いていないようなユニークな意見は取り上げて褒める。

同じように、謙譲語を使って文章を作りなさい。

誰も書いていないような謙譲語を使えたら、120点とすると、やんちゃ男子が我こそはと燃え上がる。その後、教科書の練習問題に取り組む。その際、答え方の基本型を教師が持っておくことが重要である。

次の文はどこを、どんな表現にしたらいいでしょう。そう考える理由も合わせて、話しましょう。

先生は、今、職員室にいる。

難しい問いには、枠を示す。

□を□にするとよい。なぜなら□。

「いる」を「いらっしゃる」にするといいです。なぜなら、動作の主体は先生であり、尊敬語を使うとよいからです。

これが基本型となる。

学習した言葉をきちんと使って話すことができるよう指導する。そうすることで語彙の獲得につながる。同様に2、3、4問に取り組む。

最後の問いが難しい。

あなたは、どんな相手に対して、どんなときに敬語を使っていますか。思い出して話しましょう。

この問いだと、多くの教室には、「思い出せません。」「わかりません。」という子が出る。だから枠を示す。

どのような枠になるか、お隣さんに言いなさい。

□に対して、□ときに敬語を使う。

指名なしで次々に言いなさい。

担任の先生に対して、校長先生に対して、サッカーのコーチに対して、など様々出される。やんちゃの活躍する場面だ。突拍子もない意見が出てもよい。明るく反応するほど、教室が盛り上がる。

さらに時間があれば、「敬語変換くん」をリミックスするとよい。

「中を見る」ボタンを押すと、本作品を自由に作り替えることができる。尊敬語や謙譲語を調べる活動につながる。ＱＲコードをスキャンすると、スクラッチ「敬語変換くん」のサイトにジャンプします。

「話し言葉と書き言葉」

【言葉の特徴や使い方・話すこと・聞くこと】音声入力（ディクテーション）機能を使って話し言葉を書き言葉に変換する

▼五十嵐貴弘

1 音声入力機能で話し言葉をテキスト化する

話し言葉と書き言葉に変換するには、話し言葉の内容を記憶しておかなければならない。ワーキングメモリに難のある子供にとっては、負荷が高い。

Microsoft社のWordには、音声入力機能（ディクテーション）がある。Google社、Apple社の言語入力ソフトにも同様の機能がある。話し言葉をテキスト化できる。この機能を一人一台端末で使って授業するプランである。

パソコンの画面をスクリーンに映す。Wordを起動し、ディクテーションボタンを押しておく。

おはようございます。おなかがすいたなぁ。

画面に「おはようございますおなかがすいたな」と入力される。

どんな機能を使ったと思いますか。

「音声入力！」
「音声認識！」

子供たちは、日常的に情報端末に触れている。言葉は知らなくても話した言葉をコンピュータが読み取ったということはわかる。

これは、話し言葉ですか。書き言葉ですか。

「話し言葉です。」

書き言葉に直します。主語がありません。主語はなんですか。

「先生です。」

主語をつけて書き言葉に直しなさい。
足りないものがあればつけたしなさい。
書き言葉に直したら、先生のところにノートを持っていらっしゃい。

書き言葉に直したものは、板書させる。書けない子は、黒板を参考にして書くとよいことを伝える。

- **先生が、「おはようございます。おなかがすいたな。」と言った。**
- **先生は、「おはようございます。」と言った。おなかがすいているみたいだ。**

句読点、「　」（かぎかっこ）、等が必要なことに子供たちは気づく。長音、拗音、促音、助詞の使い方については低学年から継続して学習する内容である。改行、ローマ字等は中学年で学習する。ここで確認しておくとよい。子供の実態によって必要であれば、例文は変えて実施するとよい。

教科書58ページを開きなさい。

二つの例文がある。

どちらが話し言葉ですか。教科書に書き込みなさい。

吹き出しで囲まれている言葉が話し言葉である。書き言葉も書き込ませる。音読させ、次のように問う。

話し言葉とは、どのような言葉ですか。

「音声で表す言葉です。」

すごい！　100点の答えだ。
実は、とっても簡単です。なぜですか。

「教科書に書いてあります。」
同じように書き言葉も確認する。

話し言葉の特徴はいくつ書いてありますか。

子供たちに検討させる。六つである。

ここでは、テキストから読み取らせることが大事である。教師は、丁寧に教えない。教えないから、子供たちは、教科書をよく読むようになる。そして、「読解から検討」という学び方を学んでいく。

書き言葉の特徴を検討しなさい。

新学習指導要領では、「学びに向かう力、人間性等」に関する目標が設定されている。高学年国語では、「言葉がもつよさを認識する」とある。主体は子供である。協働的な学びを通して、話し言葉、書き言葉のよさを読み取り、学んでいく過程が大切である。

ディクテーションを使って話し言葉を入力します。協力してくれる人？

教室の中でとりわけ元気な子が、真っ先に手を挙げる。二名指名し、「好きなお勉強」について会話をさせる（テーマは教室の実態に合わせて変えてよい）。

二人の話し言葉を書き言葉に直しなさい。

協力してもらった二人を席に戻し、同じ作業をするよう伝える。

早く書けた子は黒板に書かせる。時間調整であり、早くできた子の空白を埋める手立てである。黒板に並んだ文章を読ませ、先ほど前に出てきた二人に点数をつけさせる。教室は、大爆笑に包まれる。さらに畳みかける。

お隣さんとの会話をディクテーションで録音しなさい。二人で協力して書き言葉に直しなさい。

❷ 手紙やメールでの書き言葉と話し言葉

手紙に使われるのは、話し言葉、書き言葉、どちらが多いと思いますか。

日本郵便の「手紙の書き方体験授業」のホームページから、手紙の作例を子供たちに見せる。「ハガキでコミュニケーション全国発表大会」の受賞作品を閲覧することができるので、準備がなくても作例に触れることができる。
　いくつか紹介し、読み上げる。

はがきでコミュニケーション
全国発表大会

（紹介した手紙は）話し言葉で書かれていることが多いですね。
なぜだと思いますか。

・気持ちが伝わりやすいから
・臨場感があるから話し言葉は
・その場で話しているように感じるから

LINEというアプリがあります。話し言葉、書き言葉、どちらが多いと思いますか。

「話し言葉！」

LINEで次のような発信がありました。
何が問題なのでしょうか。

B子にもらった〜
このぬいぐるみ，かわいくない

スマホ・トラブル対応ガイド（ぎょうせい）
を参考に五十嵐が作成

・「かわいくない」はひどい
・「かわいくない？」と言おうとしたのだと思う。
・きちんと確認しないで送信したのだと思う。
・確認してから送信すればよかった。

このあと、どうなると思いますか。

・嫌われる
・仲間はずれにされそう
・謝ると思う

友達への手紙やメールでは、話し言葉をそのまま文字にして使えることがあります。その時に気をつけることはなんですか。ノートに書きなさい。

「大造じいさんとガン」

【思・判・表等 C読むこと】

「読む」ICT紐づけプラン～物語の自力分析「大造じいさんとガン」（光村図書）

▼吉田知寛

1「物語の自力分析」とは

（1）教科書の「『学習』ページ」

光村図書には、単元末に『学習』ページ」がある。この「『学習』ページ」には、目標から振り返りまで、学習を一覧できるようになっている。

五年生の「すぐれた表現に着目して読み、物語のみりょくをまとめよう」の単元では、「大造じいさんとガン」を教材として扱うことになっている。

「『学習』ページ」には次の観点で「大造じいさんとガン」を読むように書かれている。

- ・山場はどこか
- →中心となる人物のものの見方・考え方や、人物どうしの関係が大きく変わるところ
- ・物語で起こる出来事
- ・心情の変化
- ・情景をえがいた表現

（2）単元の大まかな流れ

単元の前半、「大造じいさんとガン」を用いて、「『学習』ページ」に示されている観点で、物語の分析をさせる。ここで、分析の仕方を教えるのである。

単元の後半、「大造じいさんとガン」の分析で用いた観点で、他の物語を分析させる。他の物語は、図書室の書籍から自分自身で選択させる。

（3）単元指導計画

第一時：見通し・範読・音読・主役・対役・各場面で大造じいさんが残雪を捕えようとした方法

第二時：大造じいさんの残雪に対する考え方の変化・大造じいさんの考え方が変化した瞬間

第三時：大造じいさんの考え方が変化した瞬間で討論

第四時：主題

第五時：情景描写

第六時〜第八時：物語の自力分析

（4）自力分析につなげるために

「大造じいさんとガン」で用いた分析の観点を他の物語でも使えるように、子供には次のように分析の観点を示した。かっこ内が子供に提示した言葉である。

- **主役（変わる人）**
- **対役（変える人）**
- **大造じいさんの残雪に対する考え方の変化（対になる一文）**
- **大造じいさんの考え方が変化した瞬間（ガラリと変わった瞬間）**
- **主題（主題）**
- **情景描写（情景描写）**

2 第一時

（1）範読・音読

範読・音読のポイントは目的意識を持たせることである。目的意識を持たせることで、読み取りが早くなる。

例えば、次のような指示を出す。

【範読】

指示：主に誰と誰の話しか、考えながら聞きます。

【音読】

指示：第一場面で大造じいさんが残雪を捕えようとした方法を探しながら音読します。

3 第二時

（1）大造じいさんの残雪に対する考え方の変化

次のように進めて、大造じいさんの残雪に対する考え方の変化を簡単におさえられるようにする。

発問：大造じいさんは、残雪のことを、初めどのように思っていたのですか。

指示：222ページから探しなさい。

→いまいましく思っていた。

発問：大造じいさんは、残雪のことを、最後はどのように思ったのですか。

指示：235ページから探しなさい。

→ただの鳥に対しているような気がしませんでした。

(2) 大造じいさんの考え方が変化した瞬間

前述したように、大造じいさんの残雪に対する考え方が変化している。その変化した瞬間に、線を引かせる。線は一文で引かせる。変化した瞬間は次の二つにしぼられる可能性が高い。

①が、なんと思ったか、再びじゅうを下ろしてしまいました。

②それは、鳥とはいえ、いかにも頭領らしい、堂々たる態度のようでありました。

線を引かせた時に、残雪が主語の文に線を引いてしまう子供もいる。そのような子供がいた場合、主語が大造じいさんとなる文に線を引くように教えるとよい。そして、第三時に討論をさせる。討論後は、どちらかに確定する必要はない。

4 第四時

(1) 主題

主題の定義と書き方を教えてから、子供に書かせる。その指導はここでは割愛する。筆者が指導した時には、次のような主題が出された。

・努力をして仲間を助けようとしていれば頭領として自信をもてる。

・頭領はいげんを傷つけまいと努力をし、そして仲間への優しさをもっている。

5 第五時

(1) 情景描写の指導

まず、子供に情景描写の定義を、以下のように教える。

【情景描写】
情景
情…心情
景…風景
登場人物の心情を風景にのせて表す文章表現

教えた後、他作品、または教師の自作教材で、情景描写の読み取り、見つけ方と読み取り方を教える。

例えば、筆者が授業した時には、何を表しているのか熟語で表現させた。次の作文は実際に子供が書いた作文である。

「あかつきの光が、小屋の中にすがすがしく流れこんできました。」
この文は大造じいさんの「期待」を表している。まず、121ページの1行目に、「もう少しのしんぼうだ。」と書いてあるからである。「しんぼう」を辞書で調べてみると、このように書いてあった。「しんぼう」「がまんすること」つまり、大造じいさんは残雪をしとめるのが楽しみで、ワクワクした気分になっていたから自分が打つ期待をしていると考えられる。
～後略～

(2) 一人一台端末で共有

情景描写の定義や読み取り方を指導しても見つけられない子供は何人かいる。このような時に、一人一台端末を活用する。一人一台端末の利点として、即時性と一覧性が挙げられる。

例えば、次のようにGoogleフォームやGoogleスプレッドシートなどの表計算ツールを活用する。

このように一覧になっていれば、自分では情景描写を見つけられない子供も参考にすることができる。

さらに、その情景描写は何を表しているのかも共有できるようにしておく。自分では見つけられない子供も、他の人が考えた言葉で納得できれば、それを写すことが可能である。

	A	B	C	D
1	名前	ページ・行	情景描写	何を表しているか
2		P120　L11	あかつきの光が、小屋の中にすがすがしく流れこんできました。	期待
3		P120　L11	あかつきの光が、小屋の中にすがすがしく流れこんできました。	期待
4		P124　L13	東の空が真っ赤に燃えて、朝がきました。	強気
5		P120　L11	あかつきの光が、小屋の中にすがすがしく流れこんできました。	強気
6		P118　L8	秋の日が、美しくかがやいていました。	期待
7		P120　L11	あかつきの光が、小屋の中にすがすがしく流れこんできました。	期待
8		P124　L13	東の空が真っ赤に燃えて、朝がきました。	情熱

6 第六時～第八時

(1) 本探し

自力分析をさせるにあたって、どのような本が分析しやすいか、伝えておく。筆者は、絵本や道徳の教科書に載っている文章で分析するとよいことを伝えた。見つけられない子供がいる場合、教師が用意しておいた短い物語から子供に選択させるとよい。また、筆者は希望者にノートをプレゼントした。ただし、ノート一冊分の自力分析をすることを条件とした。

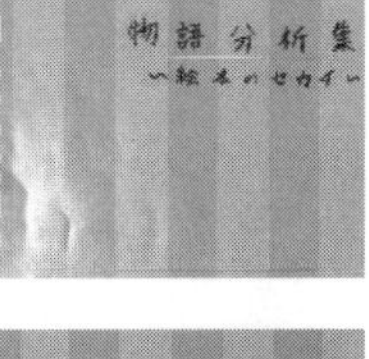

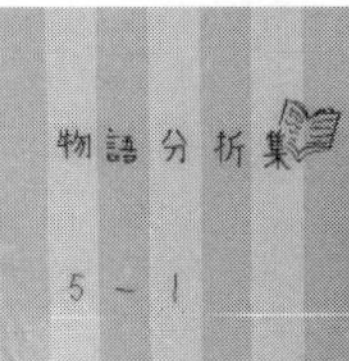

「固有種が教えてくれること」

【思・判・表等 C読むこと】
資料と文章の対応を読み取らせる指導法
～ICT機器を効果的に活用する技～

▼村上 睦

1 五年「固有種が教えてくれること」

(1) 教科書の基本的な構造

単元は、次の教材で構成されている。

○読む「固有種が教えてくれること」
○情報「統計資料の読み方」
○書く「グラフや表を用いて書こう」

つまり、説明文で図表と文章の対応の読み取りや統計資料を読む際の注意点、統計資料を用いて意見文を書くことを指導する、という展開になっている。

したがって、説明文を指導する際には、最終的に「統計資料を用いて意見文を書く」というところに至るステップを意識しなければならない。

(2) 図表と文章の対応の読み取りを指導する

形式段落に番号を振る、追い読みや交替読みなどで何度も音読して読み慣れる、という指導を一通り終えた後の読解指導である。

> **第1段落。「固有種」に○を付けなさい。**

> **固有種とは何ですか。線を引きなさい。**

引けている子に答えさせる。

・特定の国やちいきにしかいない動植物

> **139ページの資料1から、どんな事実が読み取れますか?**

答えられそうな子を指名する。

・日本はユーラシア大陸の東端にある。
・日本の方がイギリスより面積が大きい。

などが出るだろう。どれも認めて褒める。

> **ノートに一つ書けたら見せなさい。**

チェックして○を付ける。どんどん書かせる。ある程度できたら発表させる。

・日本に固有種は四十八種いる。

・イギリスに固有種はいない。

という意見が出たら、それを取り上げる。

その事実は、本文のどこに書いてありますか？

・140ページ1行目〜3行目

この二つを比べてどんなことが言えますか？

「事実」から「解釈」できることを考えさせる。

・固有種はイギリスより日本の方が多い。

その解釈は、本文のどこに書いてありますか？

139ページ4行目、8行目に書いてあるので、線を引かせる。

このように、図表が載っている文章を読むときは、その図表から読み取れる「事実」と、その事実から言える「解釈」が書かれているところを確認しながら読みます。

(3) 図表と文章の対応の読み取りに習熟させる

141ページ4行目「アマミノクロウサギは〜」から読みます。

「アマミノクロウサギは、南西諸島の奄美大島と徳之島だけで生き残った」まで読み、線を引かせる。

それはなぜですか？　資料2の図1と図2を使って説明します。

ノートに説明を書かせる。書けない子には個別に教えて写させればよい。その後、隣近所で説明させる。「漸新世は南西諸島が大陸とつながっていたが、更新世になって大陸から切り離されたため、南西諸島で生き残った。」というような説明ができていれば合格。

ヒグマは固有種ですか？　違いますか？

・固有種ではない。

その理由を、図4を使って説明しなさい。

言えそうなら、すぐに隣近所で説明させる。難しそうなら、またノートに書かせてから説明させる。何名か発表させて確認する。

142ページ7行目。「このさまざまな～」から読みます。

「このさまざまな動物たちが何万年も生き続けることができたのはなぜでしょう。」

その理由を、資料3と資料4を使って説明します。

ここで「メンチメーター（mentimeter）」というWebアプリを使う（https://www.mentimeter.com/）。アンケートフォームから回答を送ると、リアルタイムで集約されて画面に表示される。質問や画面表示の設定は、事前に済ませておく。

資料3または資料4から読み取れる事実を回答フォームに書き込んで送信しなさい。

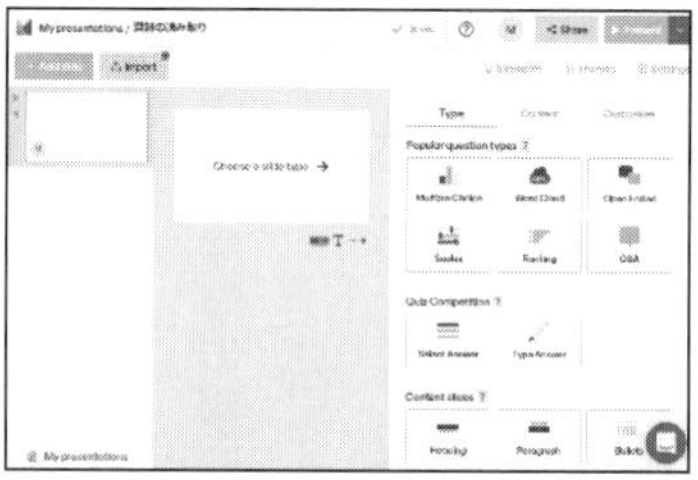

「Open Ended」を選んで作成すると、意見を集める画面が作れる。

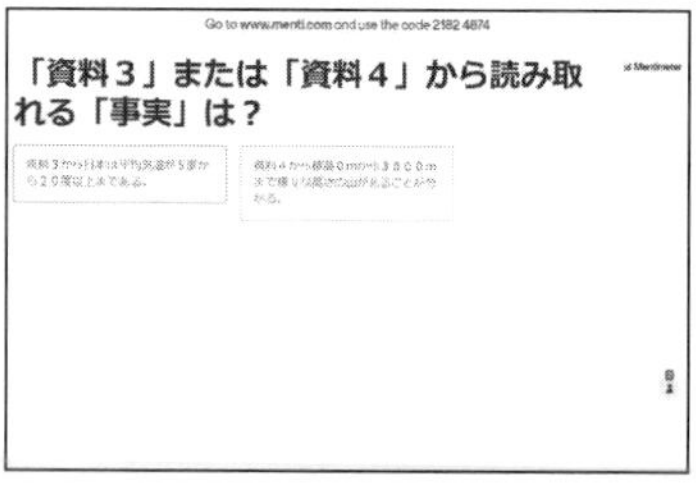

みんなから集まった「事実の読み取り」を参考にして、そこから考えられる「解釈」をノートに書きなさい。

書き方を板書で例示する。

資料3から、……ということが読み取れる。また、資料4から、……ということが読み取れる。このことから、……ということが言える。

145ページの資料6から読み取れることを発表しなさい。

・天然林等の面積は、年々減っている。

資料7から読み取れることを発表しなさい。

・1980年代以降、ニホンカモシカのほかく数は急激に増えている。
・2000年代以降、ほかく数は減っている。

1980年代以降、ほかく数が急激に増えたことと、天然林等の面積が減ったことは、どんな関係にあるのですか？　ノートに書きなさい。

資料の「事実」から「解釈」できることを考えさせる。

・天然林等が減ったことでニホンカモシカの食べ物がなくなって、人間が作った植林地を荒らすようになったため、くじょさせるようになった。

考えるのが難しい子には、144ページ8行目からを参考にさせる。できた子に板書させて、書けない子にはそれを写すように言う。

筆者はこの文章を通してどんなことを伝えようとしているのですか。線を引きなさい。

何名か発表させて確認する。

・145ページ4行目「わたしたちは、固有種がすむ日本の環境をできる限り残していかなければなりません。」
・143ページ3行目「固有種が生き続けていくためには、このゆたかな環境が保全される必要があるのです。」

同じ内容なので、どちらでもよいですね。このように、資料を元に筆者がどんなことを主張しているのかを読み取ることが大切です。

「この本、おすすめします」

【思・判・表等 B書くこと】

一人一台端末で本の推薦 書き方のポイントを雛形で共有して書く

▼小塚祐爾

1 一人一台端末と作文は相性がいい

一人一台端末を活用して作文を書かせることは、非常に相性がよいと考える。それは、

①修正が簡単にできる。
②色づけや文字の大きさ変更も簡単にできる。
③文章の型を、子供と共有しやすい。
④作文を読んだ人のコメントを簡単につけられる。

そこで、光村図書五年生の「この本、おすすめします」の単元を、一人一台端末を活用して実践した。

以下に、実践の内容を記す。

2 一人一台端末を活用した授業プラン

(1) 本を推薦させたい気分にさせる

いきなり「本の推薦文を書きます」では、書きたい気分にはならない。

そこでまず、次のようにする。

推薦したくなるような面白い本を教師が紹介する。

絵本でもよいし、学習漫画でもよい。何冊か紹介し、本が面白いと思うことで、本を推薦しようという気持ちが子供に湧いてくる。私が子供に紹介したい本は次のような本である。

①「へんしんトンネル」
作・絵　あきやまただし　金の星社

②「さかさのこもりくん」
作・絵　あきやまただし　教育画劇

③「まさかさかさま」
作・絵　伊藤文人　サンマーク出版

これらの本は、シリーズで何冊か出ているので、そちらもあわせて紹介したい。

(2) 段落の分け方に気づかせる

何冊か読み聞かせをしたのちに、次のように言う。

> **これらの本をおすすめする文を書きます。教科書に手本の文があるので見てみましょう。**

ここで、光村図書208ページにある「下書きの例」のみ抜粋したものを見せる。ICTを活用し、抜粋した写真を共有すると楽である。

そして、次のように問う。

> **いくつの部分に分けて書かれていますか。**

子供たちは行間があるところを捉えて「3」という意見や、段落の数も数えて「7」という意見も出た。

このように、「文章のまとまり」を考えることは、中学年の指導事項である。また、本単元の指導事項(たいせつ)にも

> **どこに何が書かれているかがわかりやすいように、段落の分け方や書き表し方を工夫する**

というのがあるので、そこにつながる指導である。

そこで先ほどの画像を見せながら、上から順に、

> **この部分は、何が書かれていますか。**

と聞いていき、子供たちに予想させる。そして、教科書の記述に沿って

> **①見出し ②本の情報 ③本の紹介**
> **④推薦する理由 ⑤よびかけ ⑥推薦した人の名前**

が書かれていることを確認する。

(3) 比較して、書き表し方の工夫を学ぶ

次に、209ページにある「清書の例」を見せる。子供たちは、見た瞬間にこちらの方がよいと感じていた。これは、二つを別々に見せることでより一層感じるのであろ

う。

そこで、次のように発問した。

> **先ほどの書き方に比べ、こちらの書き方には、わかりやすく伝えるためのどんな工夫がされていますか。**

子供たちは、すぐに気づき、ノートに意見を次々書き出した。そして、次のような意見が出た。

> **A**
> **色を使っている。**
> **内容ごとに分けて書いている。間を広くとっている。**
> **四角で本の情報を囲んでいる。見出しを大きく書いている。文字の大きさを変えている。**
>
> **B**
> **文章の量が少ない。**
> **「〜になれます」のようにわかりやすい言葉で書かれている。**
> **漢字にふりがなを振ってある。**

このように板書した後、Aは「見せ方の工夫」、「Bは書き方の工夫」とまとめた。

工夫がわかったところで、教師が紹介した本をおすすめする文章を作るとどうなるか見せるとよい。例えばこのような感じである。

> **あなたも、さかさの不思議世界に！**
>
> 不思議な気分を味わいたい人におすすめ
>
> 「まさかさかさま」赤の巻
> さかさ絵・文　伊藤文人
>
> この本は、ふつうの向きで見ても、さかさまにして見ても、どちらも違った絵に見える不思議な絵本です。おすすめする理由は二つあります。
>
> **おすすめのポイント①**
>
> この本は、読んでいてワクワクします。絵の説明文を読んでから、絵を見るのですが、どこが何を表しているんだろうと考える時、とてもワクワクします。
>
> **おすすめのポイント②**
>
> 逆さにした後、もう一度元に戻す時に、「さっきまでタオルに見えていたのが、マスクに変わったんだ！」と、何が何に変わっていたのかを考えるのがとてもおもしろいです。
>
> 何度見てもおもしろい本です。みなさんも、不思議の世界へ行ってみましょう。
>
> 5年1組　小塚祐爾

（4）下書きを作る

書くもののゴールがわかったところで、下書きをさせた。プリントを用意しそれに書かせた（下表参照）。

選ぶ本は、教師が紹介した本でもよいし、子供が選んだ本でもよい。

このメモに記入させて、教員が確認をする。

その際、本単元の指導事項（たいせつ）にある次のことに気をつけて確認したい。

伝えたいことの中心が相手に伝わるよう、見出しやよびかけを工夫する。

多くの子が教科書の例を参考に書いていた。良い書き方のものは発表させ、真似させるとよい。

(5) 清書、コメントは、パソコン入力で

清書は、グーグルドキュメントで、教師が書いたおすすめの文を元に雛形を用意した。これをグーグルクラスルームで配付し、これをもとに書かせた。もちろん、自分でアレンジして書かせてもよい。

完成したら、お互いに共有する。コメント機能を使えば、書いたものへのコメントもパソコン上ですることができる。

【下書きプリント】

おすすめの本　　　名前（　　　　　　）

①誰に伝えますか。

②見出し

③本の情報

本の題名

本を書いた人

④本のしょうかい（何について書いてある本か、どんなお話の本か）

この本は、

本です。おすすめしたい理由は、二つあります。

⑤おすすめする理由1（ここが分かりやすい、これが知れる、ここが面白い、ここがすごい、など）

⑥おすすめする理由2（ここが分かりやすい、これが知れる、ここが面白い、ここがすごい、など）

⑦よびかけ

「複合語」

【知識・技能（3）言語文化】

プログラミングで表現する
「複合語」（光村図書）

▼武友陽一

1 単元について

（1）教科書について

「複合語」の単元で、教科書では、以下のような順番で示されている。

> ①「飛び～」という言葉集め
> ②複合語の種類
> ③複合語の特徴

ここでは、①と②について、学習者端末を活用して、言葉を集める活動と複合語について調べ、分類する活動、さらに、プログラミングサイトを使って、複合語を表現し合う活動を記す。

2 授業の進め方について

（1）学習者端末を活用する場面について

一人一台情報端末が提供されるようになり、一人ひとりの考えを共有したり、表現したりすることが以前と比べて、容易になった。この単元では、以下の場面で使用することを想定している。

> ①言葉集めによる全体での共有化
> ②複合語の分類作業
> ③プログラミングによる複合語の表現活動

（2）複合語の言葉集め

教科書では、「飛ぶ」＋「上がる」＝「飛び上がる」が例示として載っている。ここでの学習活動として、「飛び上がる」のように「飛び～」が付く言葉を集める活動が記されている。そこで、ノートに言葉を箇条書きさせるとともに、「メンチメーター」を用いて、子供の意見を共有していく言葉集めを提案する。

指示：「飛び上がる」のように、「飛び～」が付く言葉をできるだけたくさんノートに書きなさい。

書けたら、ノートを持ってこさせ、○を付けていく。○をもらった子供は、「メンチメーター」のサイトを開き、ノートに書いた言葉を入力する。

「メンチメーター」に入力させるサイトを作成するときは、ワードクラウドに設定しておくと、入力された言葉が写真のようなテキストマイニング形式で表示され、どの言葉が多いかを認識することができる。

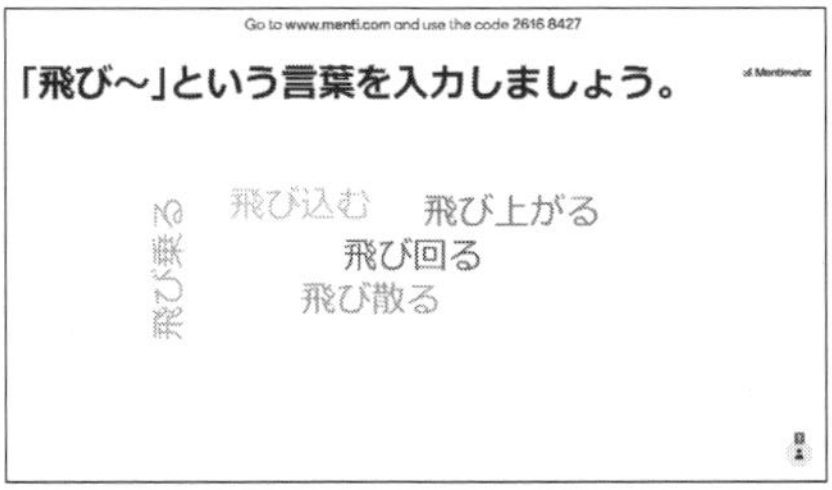

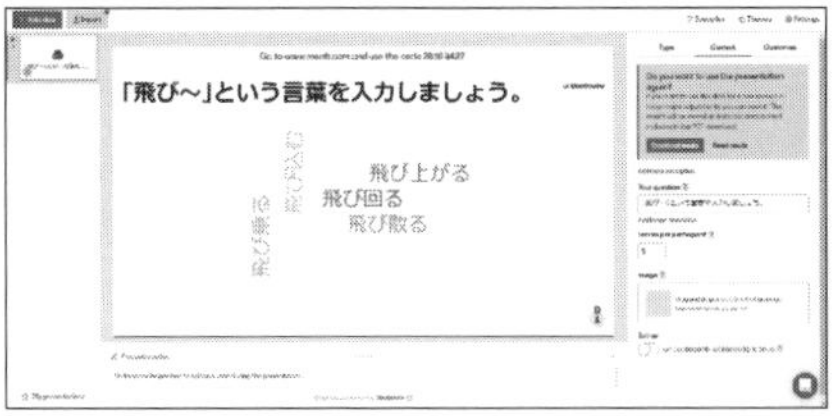

(3) 複合語を分類する活動

教科書では、複合語の種類として以下のものが記されている。

①和語と和語との組み合わせ
②漢語と漢語との組み合わせ
③外来語と外来語との組み合わせ
④和語と漢語との組み合わせ
⑤和語と外来語との組み合わせ
⑥漢語と外来語との組み合わせ

さらに教科書では、教科書の中から複合語を探し、分類する活動が記されている。しかし、複合語は、子供の身の回りでたくさん使われているので、教科書に限らず、一人一台情報端末を活用して、列挙させ、分類させるようにしたい。

まず、練習として、教科書教材の文章を指定し、そこから複合語を列挙させ、分類させる。

指示：教科書○ページから複合語をできるだけたくさ

んジャムボードに入力しなさい。
指示：入力した言葉を六つに分類しなさい。

さらに、一人一台情報端末を活用して、他にどのような複合語があるのか、列挙させるようにする。この時、全体の意見が共有できるように、メンチメーターに入力させるとよい。なお扱う複合語に関しては、3語以上の組み合わせでも可能とする。

その後、協働学習として、左の画面を用意しておき、分類させるようにする。その際、どの種類かわからないときは、辞書でどの組み合わせなのか、調べさせるようにする。さらに、パドレットを活用し、調べた複合語を種類ごとに羅列していってもよい。

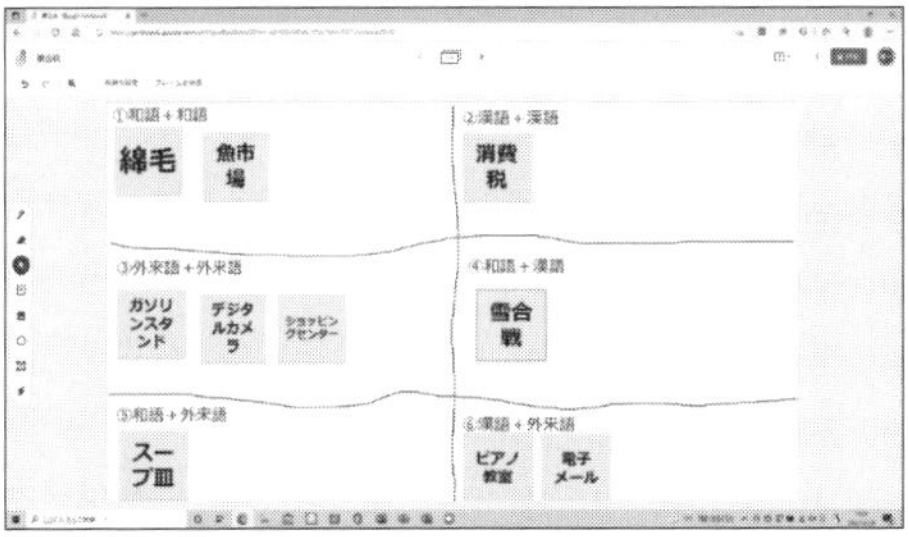

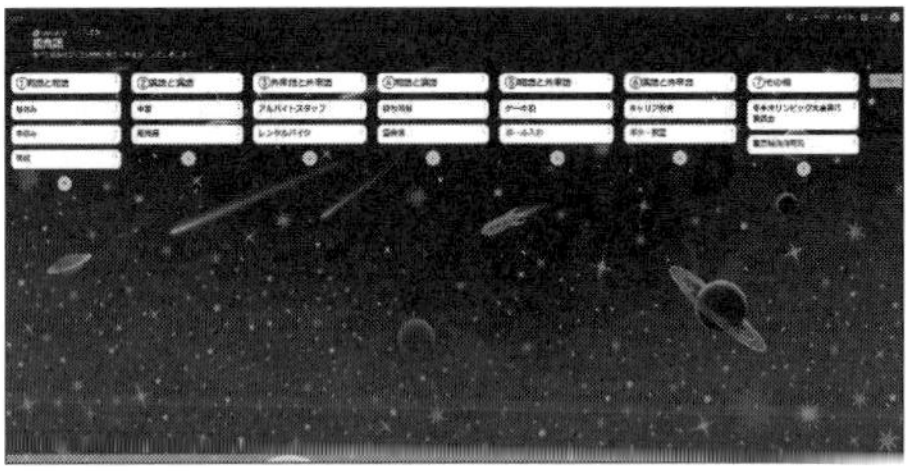

(4) プログラミングサイト「ビスケット」を使って、複合語を表現する

大阪府教育センターのプログラミング教育の研修を受講したとき、「漢字の部首」の組み立てに関する実践が紹介されていた。そこで、それを複合語に応用して、子供に複合語の組み合わせについて考えさせ、複合語を作成するプログラミングを実施する。

学習活動の順番は以下の通りである。

①つくってみたい複合語をノートなどに列挙する。
②組み合わせについて考える。
③ビスケットで作成する。
④授業支援ツールなどを活用して、全体で共有する。

①については、教科書や新聞や本などから、自分がプログラミングで作ってみたい複合語を選んでいく段階であ

る。ここではノートに列挙していくことを記しているが、「Jamboard」などで入力していってもよい。

②については、複合語が何と何でできているか、調べる段階である。国語辞典で調べさせることになるが、ここでは、どこで区切られるか、理解させながら進めていく必要がある。

③では、写真のように、「ビスケット」を用いて、複合語ができるプログラムを作成していく。なお、扱う複合語は、一つだけでなく、複数扱ってもよい。

④では、作成したものをグループが学級全体に発表し合い、共有化していく。個人やグループで学習者端末を見せ合って、共有化する方法もあれば、画面撮影し、「Google クラスルーム」に提出して共有化する方法もある。また、授業支援ツール（教師用端末で学習者端末の画面を表示できるツール）を活用すれば、プロジェクターや大型モニターに投影することで、画面を見て共有することもできる。

複合語に関しては、写真のように結びついて省略されるものを扱うこともできる。

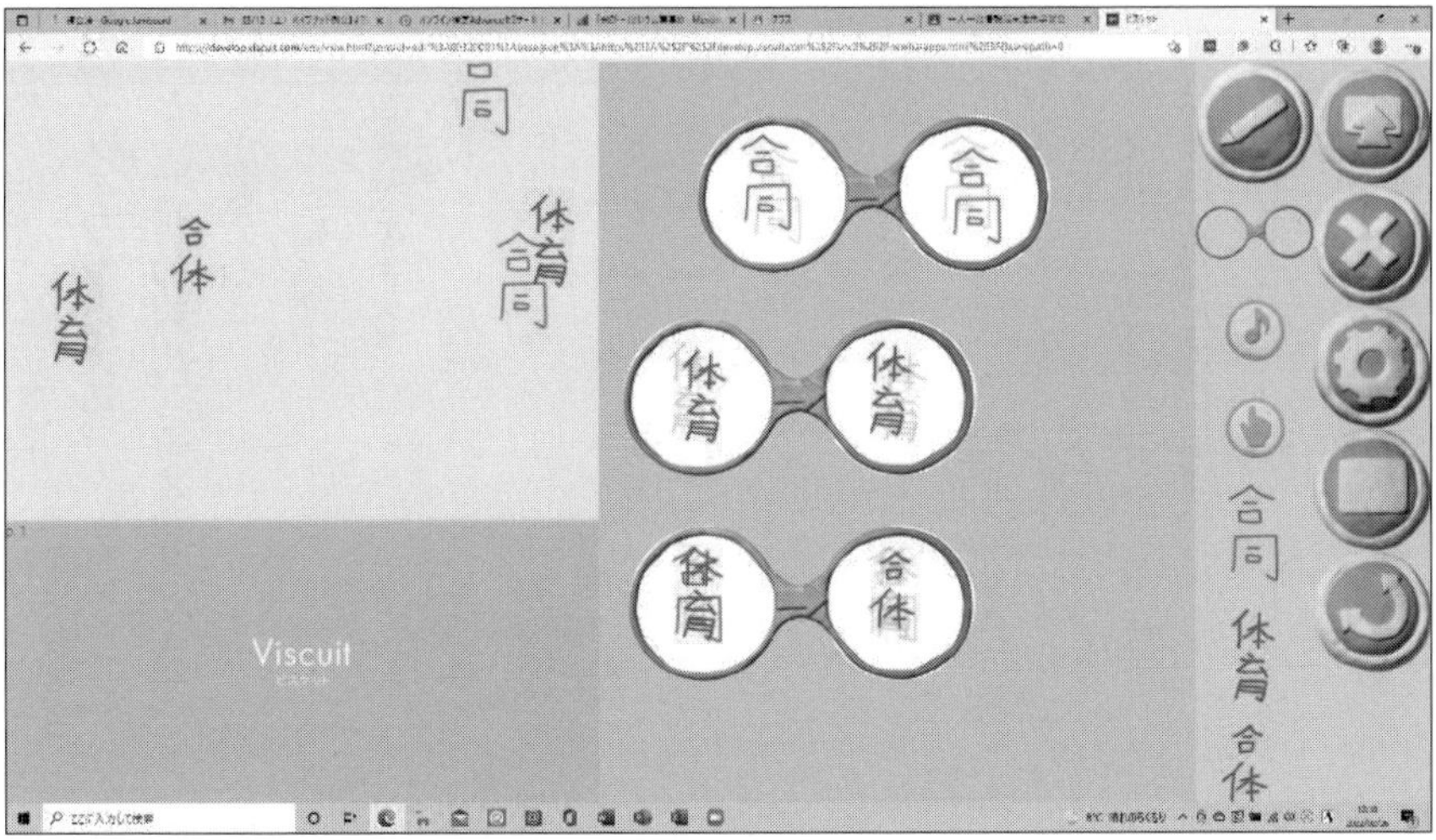

「やまなし」

【思・判・表等 C読むこと】

三つの「読解アイテム」で読む
難教材「やまなし」への挑戦

▼橋本 諒

1 憧れの「やまなし」の授業

やまなしは難教材である。先行実践で有名な実践は向山洋一氏の授業だ。全二十時間。現在の教科書は八時間しかない。八時間で行う授業展開を紹介する。

「視点」「色」「対比」という三つの読解アイテムを使い主題を考える。年間を通して指導が必要になる。授業では、討論を行う。光村教育図書には、物語文が三つあるうちの二つ目が、やまなしだ。四月の教材からやまなしを見据えて授業をする。

2 八時間で行うやまなしの単元計画

①音読・意味調べをする。
②意味のわからない言葉について検討する。
③登場人物の関係を図にする。
④⑤色のイメージを考える。
⑥⑦五月と十二月の対比を考える。
⑧主題は何か考える。

①音読・意味調べをする。

読み方が難しいものが四つ。「上（のぼ）る」「上（あ）がる」「上（うえ）の方、上（かみ）の方」の読み方が違うことを確認する。

意味は三つ。げん燈の意味をクラスで共通理解する。「クラムボン」「イサド」は調べても出てこない。次の時間にクラスで検討する。

②意味のわからない言葉について検討する。

やまなしには、宮沢賢治の造語が出てくる。「クラムボン」「イサド」だ。この言葉の意味がわからない。

> クラムボンとは何だと思いますか？
> 理由も書きましょう。

「泡」「プランクトン」「光」「特に意味はない」様々な意

見が出る。文章中の言葉を根拠に話し合わせる。明確な答えには辿りつかないだろう。

最終的な自分の意見をノートに書きましょう。

話し合いを終えての自分の最終的な考えをノートに書かせる。物語の受け取り方は人によって違う。話し合い後の自分の考えをもとにして、主題を考えるので書き留めておく必要がある。

③登場人物の関係を図にする。

このお話の登場人物をノートに書きましょう。

わたし、弟のかに、兄のかに、おとうさんのかに、クラムボン、さかな、かわせみ、やまなし。

話者を目玉にして、お話を図で表しましょう。

話者を目玉にして絵にする。話者は第三者として、話を見ていたり、登場人物の中に入ったりする。一つの物語の中でも話者の位置は変わることがある。

今回の単元でいきなり話者を扱うのではなく、四月の単元から扱っておきたい。

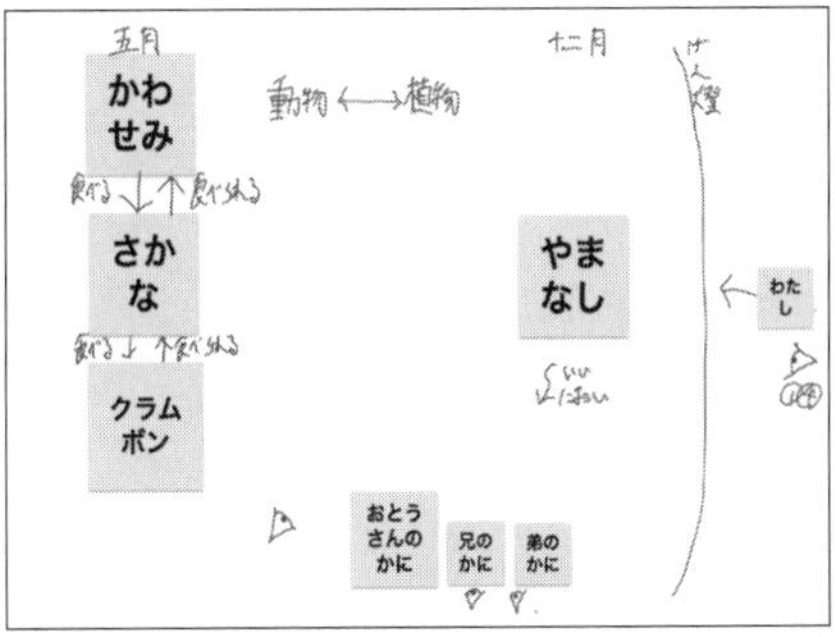

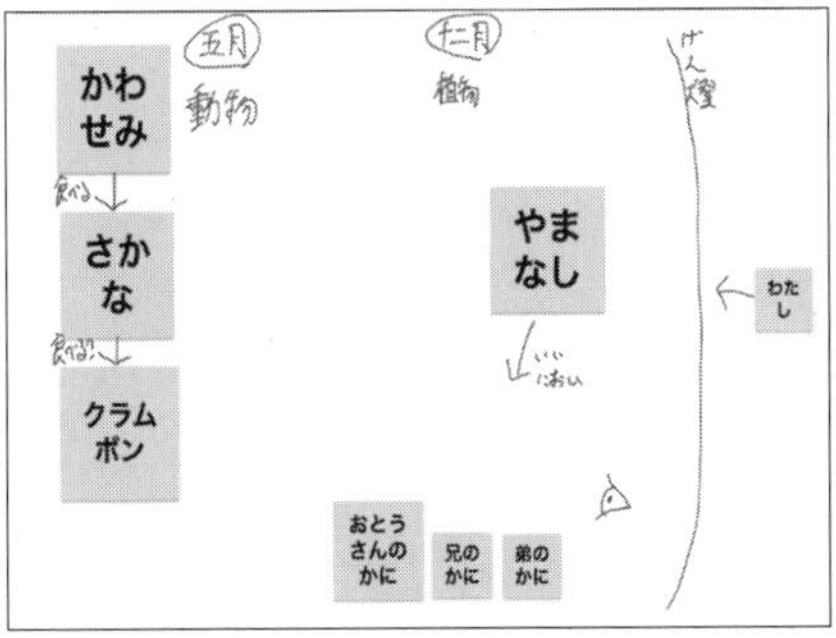

Jamboard に登場人物の付箋を貼ったものを配布する。関係性や言葉を書き込んでいく。

④⑤色のイメージを考える。

出てくる色は何ですか？
その色は作中では何に使われていますか？

ノートに書かせたあとは、Jamboard を使い意見を共有する。

この図を見て気がついたことは何ですか？

「かわせみは青い」「水に関することは青色」「さかなは銀色と白」

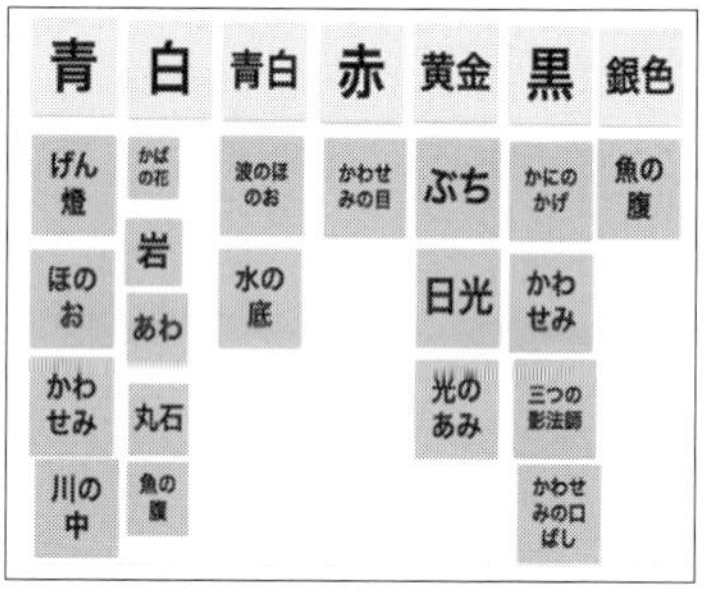

「さかな」は二つの色で表されています。銀色の時と白の時では何が違いますか？

生きている時は銀色。死ぬと白色になる。中心となる三つの色に焦点を当てて発問する。

白、黒、黄金は何を表していますか？

色のイメージを問う発問だ。「赤」は「熱血」「やる気に満ちている」、「青」は「冷静」「爽やか」など、色ごとのイメージがある。さかなの変化から、「白＝死」という意見が出る。「白が死なので、反対の黒は生。」という意見には至りやすい。黄金は「死んだ時に出てくるので、天国」「平和を表している」など、意見が分かれる。討論をしてお互いの考えを言い合っていく。

⑥⑦五月と十二月の対比を考える。

（参考文献：『国語有名物語教材の教材研究と研究授業の組み立て方』向山洋一監修　平松孝治郎著）

五月と十二月で対比されているものは何ですか？

意見を出させ、分類していく。ここから、五月と十二月の対比によって何を表しているのか考えていく。

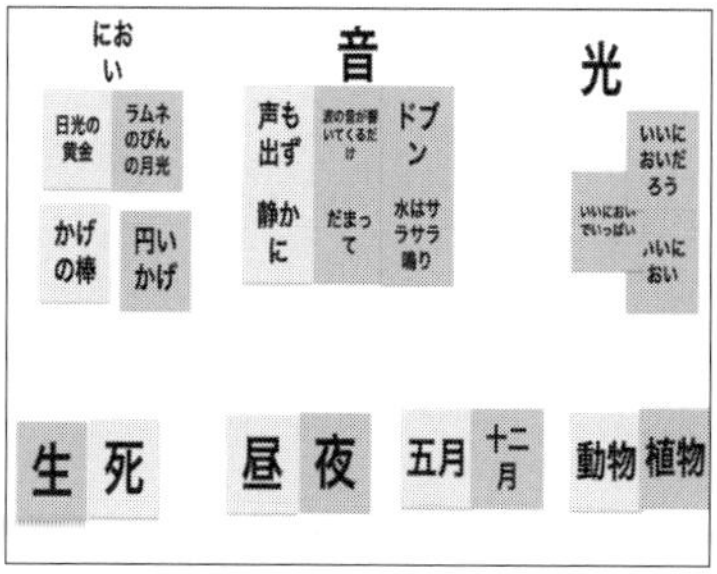

五月と十二月は一日のいつですか？

五月は朝。十二月は夜。

五月と十二月の話者の位置はどこですか？

第三時で描いた関係図を参考に考えるとよい。「やまなし」は谷川を水の中から見ている。時々、かにの中にも視点が移動することがある。

五月と十二月の主役と対役はそれぞれ誰ですか？

主役は、五月と十二月のどちらも、「かにの子どもら」になる。対役は、五月が「かわせみ」。十二月が「やまなし」になる。

五月と十二月に起きた事件は何ですか？

五月は、魚がかわせみに食べられた。
十二月は、やまなしが天井から落ちてきた。

五月と十二月の同じ点。違う点は何ですか？

様々な意見を出させ、最終的には次のような意見になる。

同じ点は、五月も十二月も水中に何かが入ってくる点。
違う点は、落ちてきたもの。五月は、かわせみという恐怖を与えるもの。十二月は、やまなしという喜びを与えるもの。

⑧主題は何か考える。

作者はこのお話で何が言いたかったのでしょうか？色のイメージや対比されている言葉、これまでの話し合いをもとに考えましょう。

書き出しを示すと書きやすくなる。「作者はこのお話で～を伝えたかったのだと考える。」「このお話には、～というメッセージが込められていると考える。」

「作者はこのお話は、生と死は隣り合わせだから今ある平和を大切にしようと伝えている。」「このお話は、つらいこともあるが希望が必ずやってくると伝えている。」「このお話には、命はめぐり、誰かの命は誰かのためになっているという思いが込められている。」

などの意見が出る。書いた主題を黒板に書かせて共有する。どの主題がよいか発表させる。

「町の幸福論」

【思・判・表等　C読むこと】
町の未来をえがこう
情報を関連づけ、プレゼンする

▼榎本寛之

1 「町の幸福論」を読む

(1) 本単元でつけたい言葉の力

本単元のゴールは、説明文を読み、町の未来について プレゼンテーションをすることである。そのため、教材文は事例に対応した写真やグラフを提示し、筆者の主張が読み手に伝わる工夫がされている。

つまり、本単元でつけたい言葉の力は二つである。

①情報を関連づけて活用する
②プレゼンテーションする

(2) 問いと答えを確認する

二時間かけて音読、辞書引きを行う。追い読み、交代読み、一人読みなど、変化をつけながら十回は読ませたい。

次に形式段落に分ける。十五段落ある。

問いの段落は何段落ですか。指を置きなさい。

五段落である。問いの一字「か」に丸をする。そして、問いの文に線を引かせ、確認する。

「では、そのようなコミュニティデザインでは、どんなことが重要になってくるのだろうか。」である。

答えは何段落ですか。指を置きなさい。

十四段落である。答えの文に線を引かせ、確認する。

「このように、地域の課題を解決するためのコミュニティデザインは、そこに住む人々が主体性を持って解決に取り組むとともに、夢を持ってそのコミュニティの未来のイメージをえがくことから始まる。」である。

問いと答えを続けて読みなさい。

つなげて読むと、違和感を感じる。問いと答えが正対していないのである。

答えの文は、問いの文に正対していません。問いの文に合うように書き直しなさい。

書けた子から板書させる。ポイントは二つある。

一つ目は、文末が「～が重要になってくる」になっているかどうか。

二つ目は、「コミュニティデザインでは、」の「で」を付け加えているかどうか。再度、つなげて読ませる。すっきりとした問いと答えになる。

（3）町作りの具体例を確認する

町作りの具体例が三つ紹介されています。それぞれ、どこの何ですか。

・栃木県益子町の土祭
・兵庫県三田市の有馬富士公園
・鳥取県海士町の島留学

最初の二つの事例は、どのような例といえますか。

・地域の住民たちが主体的に町作りに取り組む例

三つ目の事例は、どのような例といえますか。

・未来のイメージを持つ例

（4）本文と資料を関連づける

三つの事例に関連する写真や図表と本文を線で結びなさい。

写真は簡単である。図表は次のようになる。

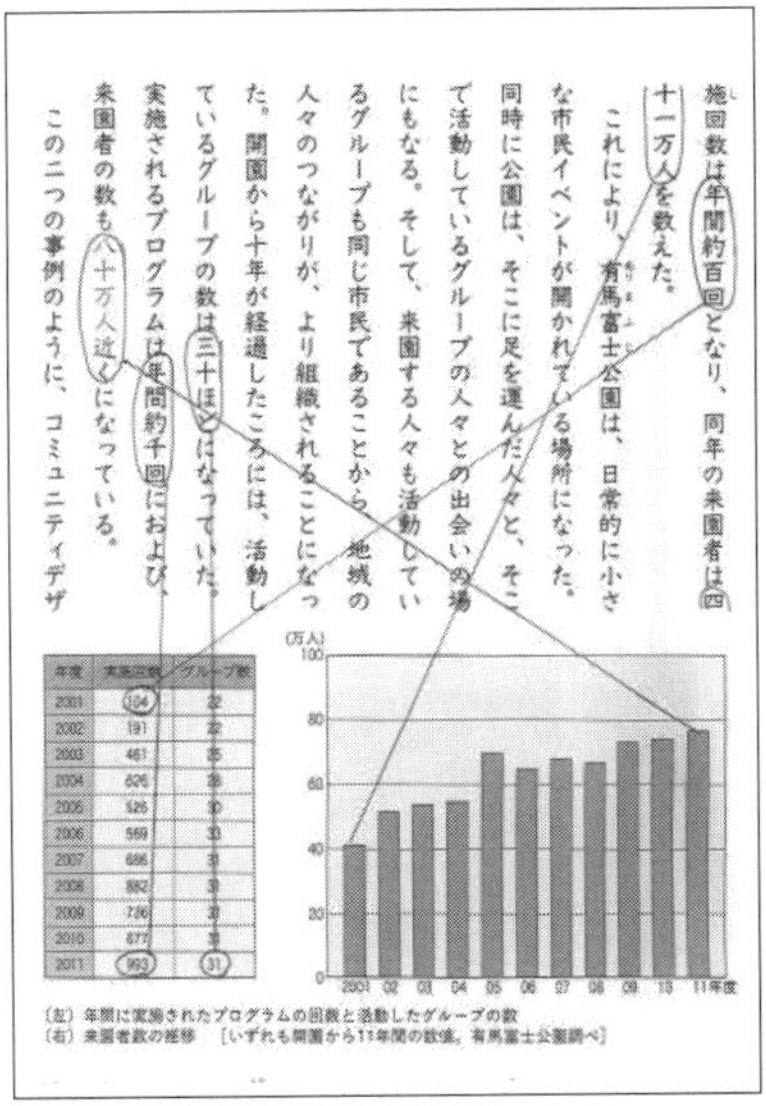

施回数は年間約百回となり、同年の来園者は四十一万人を数えた。
これにより、有馬富士公園は、日常的に小さな市民イベントが開かれている場所になった。同時に公園は、そこに足を運んだ人々と、そこで活動しているグループの人々との出会いの場にもなる。そして、来園する人々も活動しているグループも同じ市民であることから、地域の人々のつながりが、より組織されることになった。開園から十年が経過したころには、活動しているグループの数は三十ほどになっていた。実施されるプログラムは年間約千回におよび、来園者の数も八十万人近くになっている。
この二つの事例のように、コミュニティデザ
(万人)

〔左〕年間に実施されたプログラムの回数と活動したグループの数
〔右〕来園者数の推移　［いずれも開園から11年間の数値。有馬富士公園調べ］

(5) 筆者の主張を確認する

筆者の主張は何段落にありますか。

十五段落である。四文ある。

筆者が最も主張したいのは、どの文ですか。

線を引かせる。最後の文である。「未来の町の姿をえがくこと」「主体的に町作りに取り組むこと」が、一貫して主張されている。

2 タブレットで町作りについて調べる

(1) 町の現在と未来について考える

今、住んでいる町にはどんな課題がありますか。

・だんだん人口が減ってきている。
・若い人が減って、一人暮らしの人が多い。
・伝統芸能などの後継者がいない。
・商店街はあるけど、シャッターが閉まっている店が多い。

これから、どんな町にしたいですか。

・たくさんの観光客に来てほしい。
・商店街が、もっとにぎやかになってほしい。
・子供からお年寄りまで集まって楽しいイベントがあったらいい。

(2) 町作りの取り組みについて調べる

タブレットを使って、自分たちの町や他の地域での町作りの取り組みについて調べる。事前に市の広報誌などを準備しておくと便利である。

(3) 提案することを考える

調べたことをもとにアイディアを発表しなさい。

・グルメグランプリを開催する。

・淡路牛食べ比べ祭りを開催する。
・町のマスコットキャラクターを考える。
・たまねぎ植え体験をして、たまねぎ料理を食べる。
・だんじり祭りを復活させる。

3 構成を考え、プレゼンテーションする

(1) あらかじめフォーマットを作っておく

子供たちにプレゼンテーションを作らせる時の最大のポイントは、あらかじめフォーマットを作成しておくことである。教科書にも例示されている。

1 わたしたちがえがく町の未来
2 現状の問題点
3 事例①
4 事例②
5 わたしたちの提案

勤務校のタブレットには、メタモジというアプリが入っている。教師が作ったスライドを子供たちに送り、それを編集すればよい状態にしておく。

文字を変えたり、写真を貼り替えたりするだけなので、作業が楽になり、時短になる。教科書はグループでプレゼンテーションを作成していたが、本実践は、個人で作らせた。

子供が作った作品を紹介する。

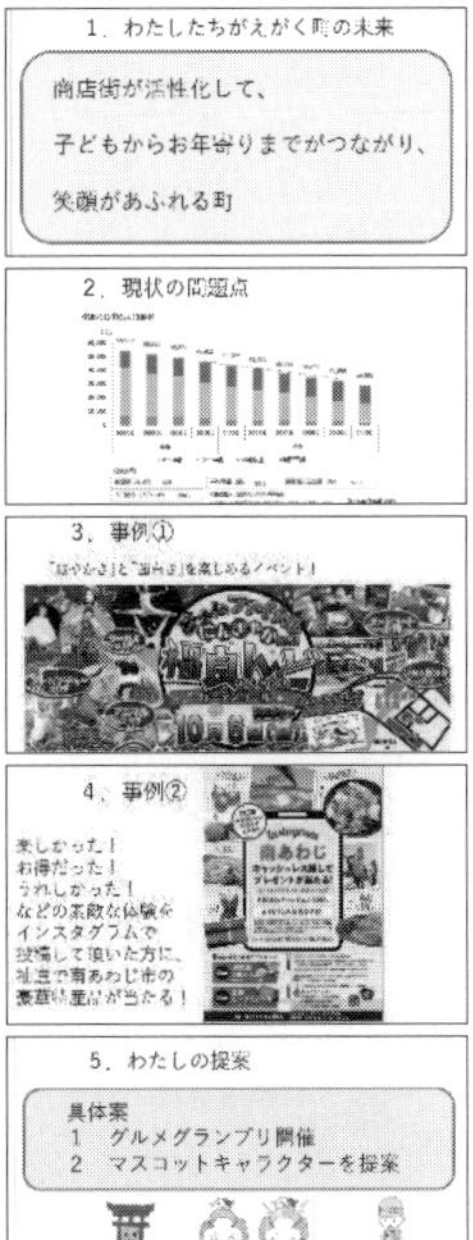

(2) 実際にプレゼンテーションをする

市の子供議会で提案する機会があった。クラスの代表が現職の議員を前に堂々とプレゼンを行った。

その後、実際に市役所の観光課と商工会議所が連携して、マスコットキャラクター実現に向けて動いてくれている。予算の関係で、実際のマスコットではなく、子供たちが考えたキャラクターをプリントしたエコバッグやシールが誕生する予定である。

「日本文化を発信しよう」

【思・判・表等　B書くこと】

一人一台端末を活用し、デジタル版パンフレット作成に取り組む「日本文化を発信しよう」（光村図書六年）

▼服部賢一

1 端末使用の学習内容を検討する

（1）複数のアプリを扱えるようにする

六月に端末が配付になり、これまでの授業ではロイロノートを中心に学習を進めてきた。子供のロイロノート操作スキルもアップしている。

だが、子供が「こうしたい」と思った時に、複数のアプリの中から最適なものを自分で選び、扱うことができる力もまた必要である。

中学生になればロイロノート以外のアプリを使う機会が多くなることも予想される（下図参照）。中でも、教育界では世界的にシェア数の多いGoogle関係のアプリは子供が使えるようにしたいと考えていた。

プレゼンテーション作成アプリ	Google スライド	Keynote
文書作成アプリ	Google ドキュメント	Pages

（2）系統性の確認をする

夏休みに再度、年度末までの学習内容を確認した。目に留まったのは「日本文化を発信しよう」である。この学習では、紙媒体のパンフレットを作成することになっている。教科書会社の系統表を確認した。

五年生「資料を用いた文章の効果を考え、それをいかして書こう」
六年生「表現の工夫をとらえて読み、それをいかして書こう」

五年の時点でどのような学習をしたのか元担任に聞いてみると、紙媒体でパンフレットを作ったという。

これを踏まえ、六年生では、「『鳥獣戯画』を読む」の学習を行う。「『鳥獣戯画』を読む」では次の二点は少なくとも押さえたい内容だ。

①筆者の表現の工夫をとらえること
②その工夫をパンフレット作成時に使ってみること

（3）構想を練る

次に、「日本文化を発信しよう」の教科書を再度確認した。気になったのは次の三点である。
①パンフレットにまとめること。
②グループで取り組むこと。
③実際に見学に行ったり、インタビューをしたりしてもよいこと。

コロナ禍であるため、グループ学習や見学、インタビューなどはできない。

しかし、パンフレットづくりの部分をGoogleスライドで取り組ませることはできそうである。学年で相談し、紙媒体ではなく、端末を使ってパンフレットを作成することを決めた。

2 学習ガイドに沿った展開例

学習ガイドに沿った授業の流れを紹介する。

事前に、今回の学習では端末を使用したデジタル版パンフレットを作成することを伝え、手本を見せておくとよいだろう。

(1) 題材を決めて、構想を練る

作成するパンフレットを誰に読んでもらいたいかを考え、ノートに書かせる。

次に、選んだ人を理由と共に発表させる。

指示：みんなの意見を参考に、ノートに書いた人の中で、パンフレットを読んでもらいたい人を決めて○を付けましょう。

このように、確定させることが大事である。

指示：今回は日本文化について調べます。
発問：日本文化と言えば、みんなはどんなものを思い浮かべますか。
指示：思いついた人は発表してごらんなさい。

ここでは、次々と発表させてよい。社会科で各時代の文化の学習をしているからである。社会科の教科書や資料集を参考にさせてもよい。なかなか決まらない子供には、発表で出された文化から一つを選ばせる。

(2) くわしく調べる

家にある本や新聞などを持ってこさせる。もちろん教師も図書室等から本や百科事典を借り、教室に持ち込んでおく。本の冊数が少なければ、端末で写真を撮り、以後はそれを参考にさせるとよい。

また、すぐに端末でインターネットを活用させるのではなく、まずは本や百科事典で調べさせたい。

(3) パンフレットの構成を決める・割り付けを決め、下書きを書く

いくらデジタル版パンフレットと言っても、そのまま端末で割り付けや下書きを書かせてはいけない。ノートに書かせることが必要だ。

そこで、下のフォーマットを示しながら次のように説明する。

> パンフレットを作成するアプリはGoogleスライドです。画面が横長なので、ノート1ページを上下に分ける線を入れます。上の横長の四角がスライド一枚になり、下が別のスライドになるイメージです。ここに、読書感想画で言えばラフスケッチにあたるものを書くのです。一枚にすべてをつぎ込むのではなく、スライド何枚かでパンフレットが完成するイメージです。この下書きが書けたら、先生にノートを見せに来てください。

下書きのフォーマット（スライド4ページの場合）

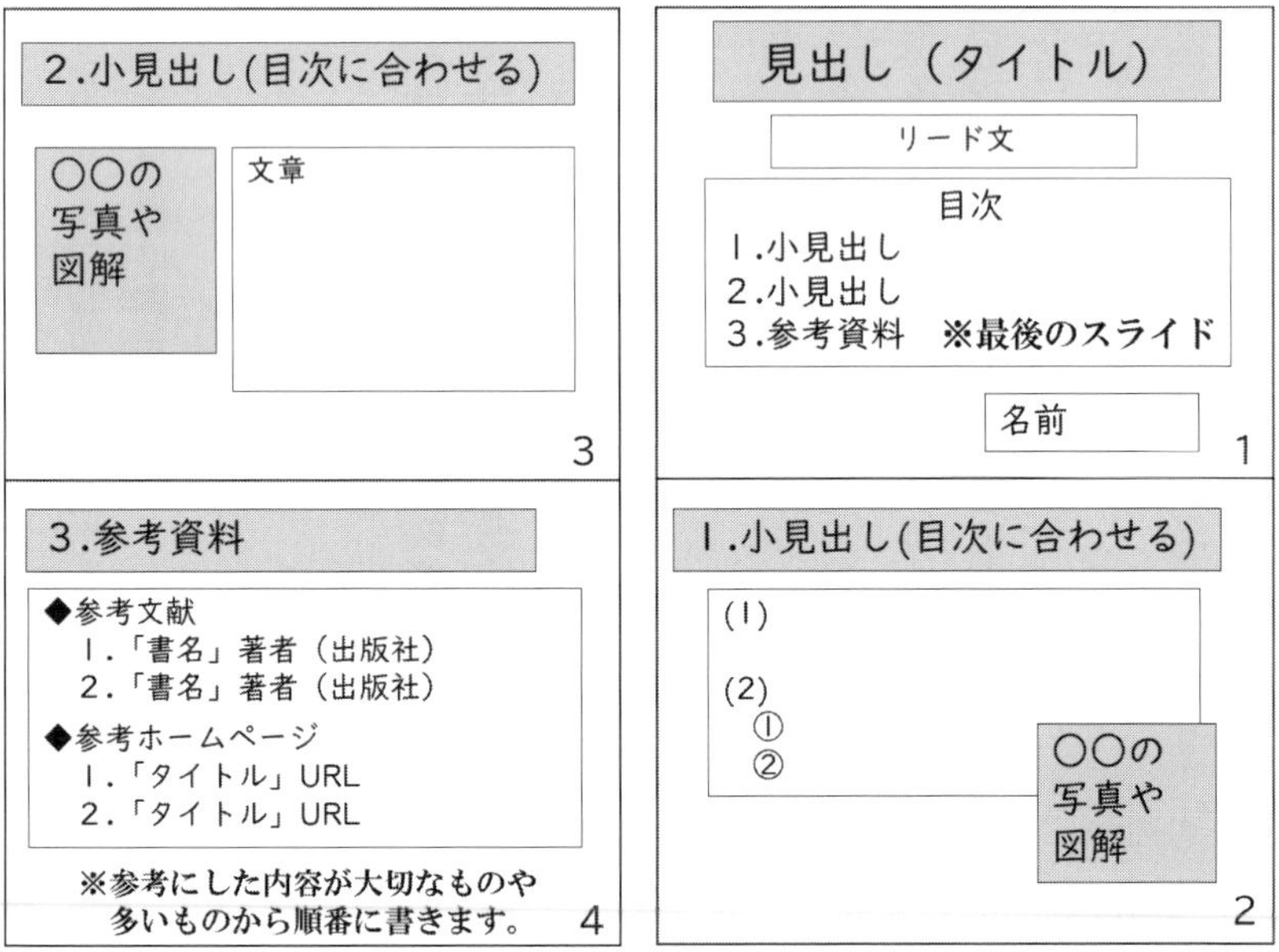

いくつか注意点も伝えるようにする。

> ①『鳥獣戯画』を読む」で学んだ、表現の工夫をいかして書く場所を作ること。
> ②文章の丸写しはせず、自分の言葉として書くこと。
> ③フォーマットでは「3．参考資料」となっているが、人によってスライドの枚数は変わるため、最後のスライドに参考資料を入れること。
> ④参考とした本・著者・出版社やホームページのタイトル・URLなども載せること。

⑷ パンフレットを完成させる

下書きを合格した子が出た時点で、全員にGoogleスライドを開かせ、左上の「ファイル名」を更新させる。また、ここで基本的な操作も教えておく。

> **説明：あとは下書きに沿って進めていきます。もし「こうしたいけど操作がわからない」ということがあれば聞きに来てください。**

この後、子供が質問に来たら、その子供だけに答えるのではなく、全体に操作の説明をするとよい。

⑸ 感想を伝え合う

出来上がったらGoogleクラスルームのストリームに発信させる。友達への感想は発信の下部にある「クラスのコメントを追加」に書き込ませる。教師もここにコメントを書き込む。デジタルになっても友達からのコメントをもらうことができて、子供たちはとても喜ぶ。実際のコメントである。

【書道】読んでみて、書道も日本の重要な文化の一つと改めて分かりました。また、文字を書くだけでも自己表現ができる、というのは確かに、と納得しました。

【和楽器】和楽器の特徴は音だということが分かりました。一つ一つの楽器に画像を付けていて、分かりやすかったです。

【書道参考HP・写真】にほんご日和
https://haa.athuman.com/media/japanese/culture/1818/

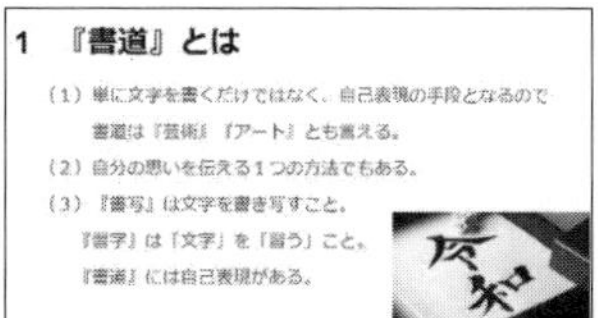

1 『書道』とは
（1）単に文字を書くだけではなく、自己表現の手段となるので
書道は『芸術』『アート』とも言える。
（2）自分の思いを伝える１つの方法でもある。
（3）『書写』は文字を書き写すこと。
『習字』は「文字」を「習う」こと。
『書道』には自己表現がある。

和楽器とは
日本で伝統的に使われてきた楽器のこと。
飛鳥・奈良時代に仏教とともに楽器が伝来。この時伝わってきた楽器が現在の元となる。
和楽器の魅力
和楽器のみりょくは「音」。たたく、弾く、吹く、といったはじめの音が強く消えるまでの時間が短かいとくちょうをもつ。和楽器は力強い音が印象的な楽器。

「熟語の成り立ち」

【知識・技能（1）言葉の特徴や使い方】

付箋アプリで思考が働く ヒーローが生まれる「熟語の構成」

▼橋本 諒

I（いつでも）
C（ちょっとの時間で）
T（友達と）

ICTを使うことで授業が変わる。

I（いつでも）気になったことは、いつでも調べることができる。放課後にも発信ができる。

C（ちょっとの時間で）学級三十人分の意見をちょっとの時間で、瞬時に集めることができる。

T（友達と）集めた意見は、子供たちにも見せることができる。友達の意見が目の前のタブレットで見られる良さがある。

思考ソフトJamboardを使った熱中する「言語」の授業を紹介する。

1 仲間分けを考える「二字の熟語」

（1）個人でたくさん集める

二字の熟語をたくさんノートに書きます。

一つ書けたら一年生。二つ書けたら二年生。十個書けたら六年生レベルです。基準を示すと熱中する。

（2）クラスで意見を共有する

見つけた熟語を一つJamboardに貼りましょう。

クラスで一つのページに次々と意見を出させていく。自分たちで見つけた言葉を使うので子供の意欲も上がる。

（3）仲間分けを考えさせる

四つの仲間に分けます。自分なりに分けましょう。

一人に一ページのJamboardを与えて、四つのグループに仲間分けをさせる。

分類に迷う意見が出た場合には、タブレットで調べたり、クラス全体に意見を聞いたりして決めていく。

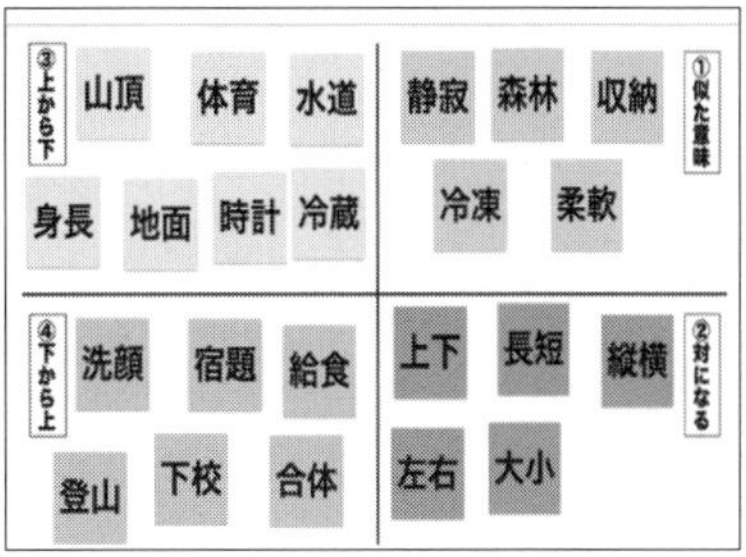

2 変化のある繰り返し「三字の熟語」

(1) 個人でたくさん集める

> 三文字の熟語をたくさんノートに書きましょう。

「辞書で調べていいですか?」「漢字ドリルを見てもいいですか?」他の資料を参考にしてもよい。たくさんノートに書かせる。二字の熟語が見えるように残しておくと、三字熟語を考える際のヒントになる。

(2) クラスで意見を共有する

> ノートに書いたものをJamboardの付箋に貼ります。

クラスで協力して多くの熟語を出させる。

Jamboardが向いている。共同編集ができるので、クラス全員が同じ画面に、見つけた熟語を貼っていくことができ、瞬時に友達の意見を共有できる。友達の意見を見ることで、新たな熟語を見つけることもできる。

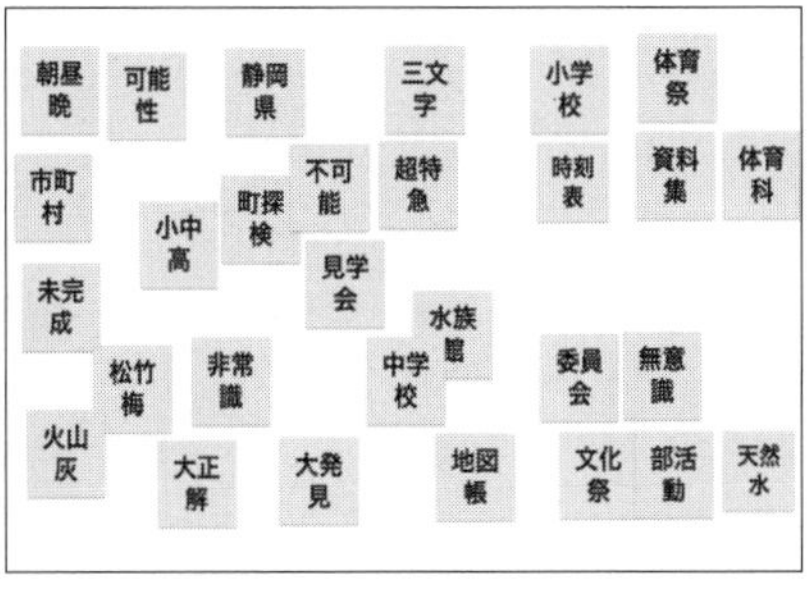

(3) 仲間分けの種類は教科書から探す

教科書では、三つのグループに分けられている。どこに書いてあるか探させる。

> ①二字の語の頭に一字を加えた熟語
> ②二字の語の後ろに一字を加えた熟語
> ③一字の語の集まりから成る熟語

①2＋1②1＋2③1＋1＋1など、クラスの子がわかりやすい言葉に変換するとよい。仲間分けの仕方を自分で考える授業展開もありえる。

(4) ICTを使って分類する

> **班で協力して、三つのグループに分けます。**

Jamboardは付箋を動かすことができるので、分類する活動に向いている。背景に三つに分けた画像を貼ることで分類がしやすくなる。

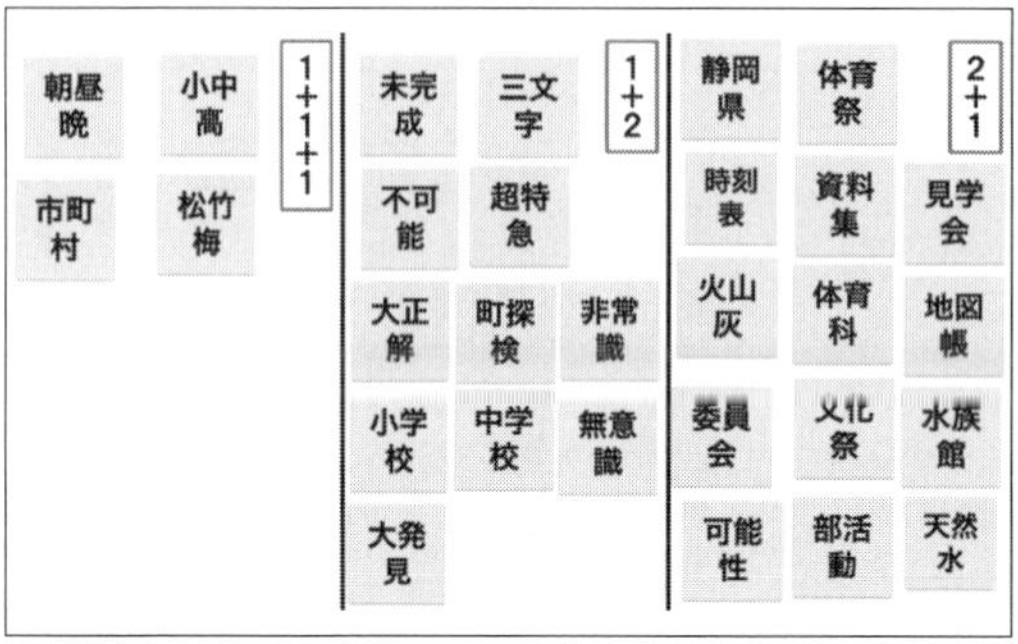

(5) ○人一台端末

Jamboardを班に1ページ与えて、グループで仲間分けをする。班に一つ与えることで自然と対話が生まれる。

個人の作業量を増やしたい、反復によって習熟させたい時には、一人に一台与えることで、多くの問題を解くことができる。

(6) ICTを使って調べる

1＋1＋1の仲間が出てきにくい。

> **四つが限界でいいですね？**

子供たちは必死になって探す。中には、「先生タブレットを使って調べてよいですか？」と聞いてくる子もいる。もちろん使わせる。

3 四字以上の熟語はヒーローを生む

(1) テンポよく原理を教える

> **体育倉庫。どこで分かれますか？**

体育と倉庫で分かれる。

児童会室。どこで分かれますか？

児童会と室で分かれる。さらに細かくすると、児童と会で分かれる。四字熟語は、いくつかの語からなっていることを教える。

春夏秋冬のように、一字の集まりを探しなさい。

見つけた子から、フォームに送信させる。回答は、教師側が確認できる。見つけた子から耳打ちしにくるようなことをICTでできる。「おしいな」「違うグループですね」「太郎君が見つけました。太郎君。みんなには内緒だよ」と教師の対応や言葉がけにより、見つけた子はヒーローとなる。

（2）家でも調べられる場を用意する

四字以上の熟語も教科書に載っている。できるだけ文字数が多い熟語を探させる。板書してどこで切れるか考えさせる。

もっと長い熟語はないですか？　タブレットを使って探しなさい。

見つけたものは先ほどのようにフォームに送信する。「現在一位は太郎君の十一文字です」「授業時間はもう終わってしまうので、休み時間や家で見つけた人は、このフォームに送ってごらん」

翌日には、回答の子供たちの解答を見せながら紹介していく。

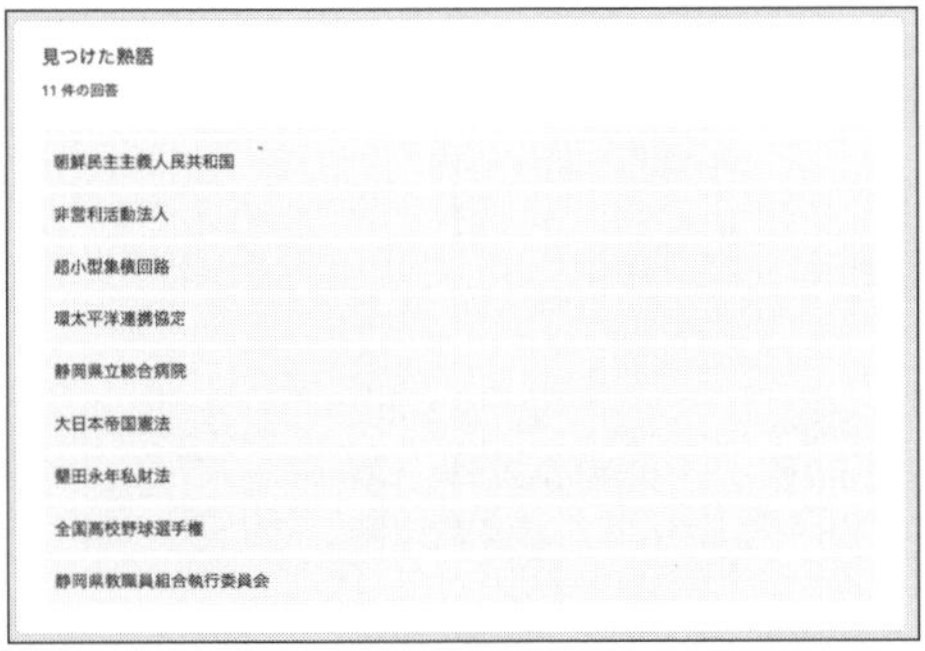

「漢字の広場」

【思・判・表等 B書くこと】

文字が身につく漢字の教え方 楽しい活動の連続でどの子も熱中

▼櫻井愛梨

漢字指導における楽しい活動

漢字のページの指導ポイントは、

楽しい活動の連続で組み立てること

である。

今回は、光村図書六年生の『漢字の広場』の120ページを例に挙げ、楽しい活動を紹介していく。

紹介する活動は、次の二つである。

一、漢字探し
二、文を作ろう

である。

(1) 漢字探し

『漢字の広場』には、テーマに関するたくさんの漢字が紹介されている。

例えば、120ページは、テーマが遊園地である。ここでは、『混雑』『大勢』『順序』『祖父』などの漢字が紹介されている〈光村図書六年120ページ『漢字の広場』を参照〉。

＊尚、実際は23個の漢字が記載されている。実際の指導を紹介する。

指示：先生が言った漢字を探してごらんなさい。見つけたら指を置きます。
『混雑』

と指示する。

子供たちは、『はい！』と言って指を置いていく。

その後、『大勢』『祖父』『順序』というようにテンポよく問題を出していく。この時点で、子供たちは、探すのに必死である。

このように教師が問題を出す以外にも、『一番に見つけた子が次の漢字を指示する』『隣同士で問題を出し合う』などの方法もある。

また、個人戦以外でも教師が指示した漢字を『隣の子とどちらが早く見つけられるか』『班で誰が一番に見つけられるか』などのペア戦あるいはグループ戦にするなどの方法もある。その場に応じてうまく使い分けたい。

(2) 文を作ろう

実際の指導を紹介する。

> **指示：この中で、好きな漢字を一つ選びます。**
> **その漢字を使って文を作ります。**
> **作った文を隣に言ってごらんなさい。**

と指示し、隣の子と一緒に口頭で作文を作らせる。その後に、

> **指示：今、作った作文をノートに書いてごらんなさい。**
> **できたら持ってらっしゃい。**

と指示し、ノートに一文を書かせる。

> **①ジェットコースターが混雑している。**
> **②メリーゴーランド前には大勢の人がいる。**

などの文を子供たちは考えてくる。

ここまでは『読む』段階の指導を紹介した。

ここからは『書き』の段階に移行していく。

ここでは、書くのが難しい子も存在する。

そのため、例示が必要である。

例示の方法は様々あるが、ノートを早く持ってきた子に自分の作った文を読ませるというのも一つの手である。

また、書かせる前に『一文考えたら隣の席の子と言い合っ

てごらんなさい』と指示するという手もある。

さらに、早い子と遅い子の時間差ができてくる。

時間差をなくすために、早い子には次の指示が必要である。

例えば、次のような追加課題が考えられる。

指示：先生のところに持ってきた子は、今度は、文章を作ります。
教科書の漢字をできるだけたくさん使って、文章を作ります。できたら持ってらっしゃい。

のように次の課題を与える。

この活動での指導ポイントは、

一文を短く書かせること

である。

できるだけ多くの漢字を使って文章を書こうとするとどうしても一文が長くなってしまうことがある。一文は長ければ長いほど理解しにくい。

一文を短く書かせるための指導を紹介する。

２０１９年7月12日に山口県の小学校教諭・林健広氏の学級を参観した。国語の授業の中で林氏は子供たちに作文を書かせていた。その時に林氏が実践されていた一文を短く書かせる指導法を紹介する。

尚、『一文を短く書かせる指導』の原実践は、宇佐美寛氏である。

まずはモデルとして一文が短い子の文章を読ませる。

そして子供たちに

指示：太郎くんのどこがいいか隣近所で相談してごらんなさい。

と指示する。

子供たちから様々な意見が出てくる。

『一文が短い！』と気づく子も出てくる。

このような大切なことは、教師が説明するのではなく、子供たちに気づかせたい。

そして、

今の自分の文章に○がいくつあるか数えてごらんなさい。


と指示する。

初めは2、3個だったりする。次に、

○1個、500円です。
自分が何円か数えてごらんなさい。


と指示をする。

数値化することによって自分の書いた文章の一文は長いのか短いのかが目に見えてはっきりとわかる。子供たちにとって、お金は身近で理解しやすい。

そして、

第2試合。


と言って、もう一度、文章を書かせる。

1回目と比べて、明らかに違う。一文一文が短くなる。1回目では1000円や1500円の子が多かったが、2回目では10000円を超すような子も出てくる。子供たちは、他の子の値段を聞いて、負けないように、自分の作文にどんどん短文をたくさん付け加えていっていた。非常に盛り上がった。

学級参観後、林健広氏は、次のように言っていた。


小学生にとって、500円はいい感じに価値の高いもの。

これが1000円とか10円でもダメ。

「一番大事なものは」

話す聞く力がつく対話のページの教え方ガイド

▼山本東矢

1 対話のページの指導ポイント

六年、光村94ページの対話のページ。二時間単元「一番大事なものは」の教え方をガイドする。

指導ポイントは以下だ。

> ①たくさん会話させる。理由をしっかりと言わせる。
> ②友だちの意見を再現できるぐらい聞かせる。
> ③友だちの意見で「なるほどな」と思ったことや、違っているところ、同じところを見つける。

大きなポイントはこれだ。

> ①スモールステップで指導をする。
> ②友だちの意見を取り入れた話型を示す。

2 指導概略

> 全体の流れ（6年　一番大事なものは）
>
> 0　二人組で趣味などの会話（準備運動）
>
> 1 2　一人で大事なものをたくさん考える　一つを選ぶ。理由をかく
>
> 3 4　二人組で話す　二人組を変えて話す
>
> 5　話す手順を示して、話させる
> ・さっき話していた～さんは、こんな話をしていたという。それに対しての自分と同じところや違うところをいったり、感想をいったりする。
> ・自分の最も大事なこととその理由や経験をいう。
> ・相手からの質問タイム
>
> 6 7　メンバーを変えて話し続ける　三人組で同じようにする
>
> 8 9　最終の自分の意見を書く　発表する

3 実際の指導

〈1時間目〉

0 二人組で趣味などの会話（会話の準備運動）

①話す聞くのお勉強。まずは、言葉の準備運動。4月にやったことをするよ。二人組を組みます。

②好きなことや趣味について話します。

③「間が5秒空いたらアウト、すわります」と言う。すわらないチームは話し上手です（やらせる）。

④上手です。今度は質問も入れます。

お話の中で質問を自分が五回はしたらすわるよ。

とにかく、たくさん話してその中でよく聞いて、質問を入れましょう。では、どうぞ（会話をする）。

※この言葉の準備運動後に筆談会話を入れるのも楽しい。『お話鉛筆』で友だちとコミュニケーションをとる。TOSSランド No: 9018564 を検索』

⑤それでは本番です。教科書94ページ。

対話の練習。「一番大事なものは」です。

1 一人で大事なものをたくさん考える

⑥まず、あなたの大事なものは何ですか。三つ思い浮かべたらすわりなさい。

⑦友だちとそのことについて話しましょう。

（友だちと会話をする）

（友だち、家族、命、お金、時間、勉強等が出る）

2 一つを選ぶ。理由を書く

⑧その中で最も大事なものは何ですか。ノートに書きなさい。理由を二つ以上書きなさい。

（書く時間を三～五分とる）

例・私にとって最も大事なものは、友だちです。

理由はいくつかあります。

一つ目は、友だちがいないと寂しいからです。二つ目は、学校の休み時間や放課後で楽しく話したり遊んだりすると楽しいからです。

三つ目は、ドッジボールやバスケなどのゲームも友だちがいないと全然楽しめません。

3 二人組で話す

⑨隣の人と一番大事なことについての話をしなさい。理由もつけて。聞いている人は、質問を五回以上はしましょう。

（会話をする）

⑩交代して話しましょう（交代して、会話をする）。

4 二人組を変えて話す

⑪メンバーを変えます。組んだらすわりましょう（二人組を組む）。

⑫隣の人は何が一番大事かと、その理由を言えるようにしましょうね。後で聞くので、そのつもりで話をしてね。※聞き方強化をねらう。

⑬隣の人の一番大事なものとその理由を発表します。この列起立、どうぞ。

「林君は、サッカーだと話していました。なぜなら、夢に向かって、サッカーの練習をがんばっていて、プロサッカー選手になりたいという願いに向かってがんばっているからだそうです」

⑭メンバーを入れ替えます（違うメンバーと組む）。

5 話す手順を示して、話させる

⑮この手順で話します（板書）。

①「さっき話していた～さんは、こんな話をしていた」と言う。
②その意見に対しての感想か、自分と同じところや違うところを言う。
③自分にとっての最も大事なことを話す。その理由や経験も話す。
④聞き役からの質問タイム。質問に対して答える。
⑤チェンジをして「①～④」までをする。

⑯それでは、話しましょう（会話をする）（上手なチームがいれば、紹介する）。

6 メンバーを変えて話し続ける

⑰メンバーを入れかえます（違うメンバーと組む）。

⑱同様に話す（会話をする）。

〈2時間目〉

⑲前回の続き、二人組で会話する。

7 三人組で同じようにする

⑳三人組を組みます（組ませる）。

㉑三人組で話します。一人が話す人、後二人は聞き役です。

ではどうぞ（会話をする）。

8 最終の自分の意見を書く

㉒席に戻りましょう。

㉓自分の考えを再度まとめます。ノートに書きます。

（例文を板書する）

私の大事なものは、変わって（変わらず）～です。

なぜなら、～～だからです。

～～さんの～～という意見を聞いて、なるほどと思いました。僕は同じ（違う）意見で、～～です。

9 発表する

㉔指名なしで発表をする。

4 懸念と補足

仲が悪いと「一番大事なもの」での話し合いは厳しい。自分の本当の心の内を伝えるからだ。

「無人島で一か月過ごすことになりました。持っていく物を十個書きます。」「その中で、三つと言われました。何を持っていく？」の方が盛り上がるだろう。

5 指導の系統性

「言葉の準備運動」で、会話慣れをさせる。そして、その後に「聞く単元」。「対話の練習」となっている。徐々に話す聞く力を高めるようになっている。

話す聞く力がまだ育っていない子供が多い時は、見本で会話をする子供を多くするなどの配慮が必要である。しかし、何よりも大事なことは、明るく、楽しく会話をさせるである。

話すこと・聞くこと　指導一覧　　5，6年

4月	5月　6月　7月
言葉の準備運動	聞く
①自己紹介 （好きなことなどを話す。） ②他己紹介 （他人のよいところを話す。） ③創作お話続けゲーム （『「あるところに・・・〇〇がいて・・」はい。交代』としてお話を続ける。）	①連続質問ゲーム （質問の答えに対して「なぜ？」などの質問をして、深く聞く。） ②聞いてわかったことを他人に伝えよう。 （質問をしてわかったことで印象に残ったこと３つを他の人に伝える。）

9月	10～11月	1月　2月
対話の練習	話し合う	話す
①反論ゲーム （猫と犬どちらを飼う） ②一番大事なものは？討論 （１１歳の自分のまま？５０歳の大金持ち？どちらを求める。などの討論）	①班遊びで意見が対立した時どうする？ （妥協点をみつけて話す。） ②修学旅行の遊園地周りの順番を検討しよう。 （みんなの希望やメリット、デメリットを考えて話す。）	①出来事を基に、クラスのみんなに提案しよう （クラスをよくするルールを提案する。） ②資料を使ってスピーチ （資料を用意して、自分の主張をスピーチする。）

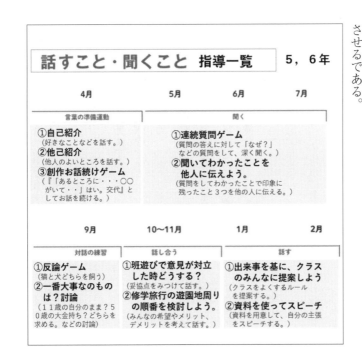

「大造じいさんとガン」

【思・判・表等　C読むこと】

物語文は六ステップで教える

年間を通じて読む力をつける指導法

▼橋本　諒

1 どの物語文でも使える共通のものさし

どの物語文でも共通して使える文章を読み取るためのものさしがある

「登場人物は誰か?」「主役の気持ちが、がらっと変わったのはどこか?」

四月の教材で教えた「主役」というものさしを、三学期の教材でも使うことができる。

四月に教えた「クライマックス」を使い、三学期の教材は、自分から「クライマックス」はどこか考えることができるようになる。

年間三回行う物語文の学習。共通のものさしを意識して行う。次の六ステップでどの物語でも読み取る力をつける。

2 物語文の基本的な単元構想（ア）

物語文の単元構想は大きく二種類ある。今回はその一つを詳しく紹介する。

物語単元の進め方（ア）

①音読・意味調べをする。
②設定を確認する。
③物語を起承転結に分ける。
④起承転結に小見出しをつける。
⑤クライマックスはどこかを考える。
⑥主題は何かを考える。

（1）音読・意味調べをする

内容を読解するためには、教科書がすらすら読めることが重要である。

毎時間の最初の五分間は音読の時間に充てる。さらに、物語単元に入る前から音読だけは先行して行う。

題名の横に○を十個書かせて、一回読むごとに赤鉛

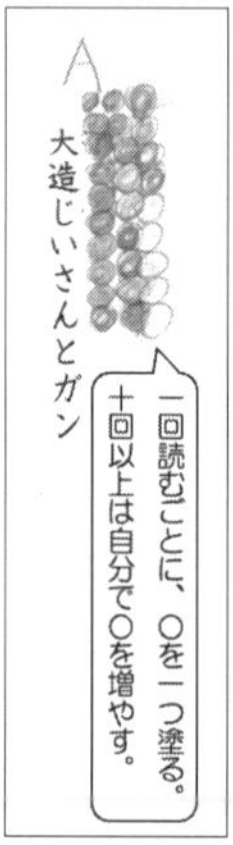
A
大造じいさんとガン
一回読むごとに、○を一つ塗る。
十回以上は自分で○を増やす。

筆で塗らせることで、「家で読んできてもいいですか？」と自主的に活動する子が出てくる。

(2) 設定を確認する

設定とは、「時」「場所」「登場人物」の三つ。

この物語はいつのお話ですか？
この物語の場所はどこですか？
登場人物は誰ですか？

意見が分かれるのは登場人物だろう。子供たちの意見を板書していく。間違っているものも板書し、後で検討する。「大造じいさんとガン」であれば「タニシ」という意見も出てくる。

「登場人物とは、人間のように、動いたり、しゃべったり、考えたりするもの」です。黒板に書かれているもので違うのはどれでしょう。

定義を教え、出てきた意見を吟味させる。四月の教材で教えることで、二つ目の物語教材では、「人間のようにしゃべっているので、登場人物です」と定義を根拠に意見を述べることができる

主役は誰ですか？

主役は、物語の中で一番気持ちが変わった人物と定義する。時には意見が分かれることがある。大造じいさんとガンでは、「大造じいさん」「残雪」で分かれる。撃とうとしていた相手を助けているので、気持ちが一番変わったのは大造じいさんになる。

(3) 物語を起承転結に分ける

四コマ漫画にするなら、どこで分かれますか？

物語全体を四つに分けさせることで、広い目で物語を見る力がつく。細部を読み込むだけでなく、全体を見て読む力もつけたい。

三コマ目は（転）はどこになりますか？

いきなり四つに分けるのは難しい。起承転結の転に限定して聞く。特に起と承の分かれ目は判断しづらいので教師が示してもよい。

(4) 起承転結に小見出しをつける

四つの場面を二十五文字以内で要約します。

起承転結に小見出しをつける。

起　ウナギつりばりで一羽のガンを捕まえた大造じいさん
承　タニシをまいたが、残雪に逃げられた大造じいさん。
転　ハヤブサから仲間を守る残雪を撃たない大造じいさん。
結　残雪の怪我の手当てをし、自然に返した大造じいさん。

①字数を制限する。
②文末を主役の名前（大造じいさん）にする。
③教師が設定したキーワードが入っている。
三つのポイントができている文なら合格になる。

(5) クライマックスはどこかを94ページより考える

主役の気持ちが、がらっと変わったのはどこですか？
教科書に線を引きなさい。

物語を起承転結に分けているので、転の場面にクライマックスがある。クライマックスの一文を問う発問では、意見が分かれることが多い。学級全体で討論を行う。

討論の基本ステップ
①自分の立場をノートに書く。
②そう考えた理由をノートに書く。
③黒板に自分の意見を書く。
（Google のスプレッドシートを使い、全員の意見が手元で見えるようにする方法もある）
④一番違うものはどれか検討する（二つまで絞る）。
⑤残った二つの意見で討論する。
⑥自分の最終的な考えをノートに書く。

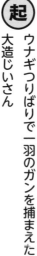

文章中の言葉を根拠に意見を言わせる。

明確な解がない教材もある。読者によって受け取り方が違ってよい。クラスで一つの意見にまとまらなくてもよい。

友達の意見を聞いて最終的な自分の考えをノートに書きなさい。

討論をして、最終的に自分はどう思っているのかは、ノートに残しておく必要がある。クライマックスの場面によって、主題が変わることがあるからだ。

(6) 主題は何か考える

物語文には、作者の伝えたい思いがある。その思いのことを主題という。読者に何かを伝えたくて書いている。読者によって受け取り方が違う。

童謡「うさぎとかめ」を読んで、努力を続ける大切さを受け取る人もいれば、油断しないことの大切さを受け取る人もいる。解釈は読者に委ねられる。

この物語の主題は何ですか。

初めて主題を書く場合には、指導が必要になる。

「作者はこのお話に、みんなに伝えたいメッセージを込めています。人は～。人生は～。という書き出しで書いてごらん」

「金のおの」なら「人は、正直に言うことが大切」など例を示すとよい。

3 物語文の基本的な単元構想（イ）

教材によっては、起承転結に分かれていない作品もある。そのような教材でも主題にたどりつくためには、次のようなもう一つの授業展開も考えられる。

物語単元の進め方（イ）

①音読、意味調べをする。
②設定を確認する（時・場所・登場人物）。
③この物語はどの視点で語られているか考える。
④物語に出てくるものは何をイメージしているか考える。
⑤対比されているものの意味を考える。
⑥主題は何かを考える。

「言葉の意味が分かること」

【思・判・表等 C読むこと】説明的文章を読むモノサシ
要点となる文を一文だけさがし出せ

▼山本雅博

説明的文章の指導の基本パターン

1 説明的文章を読むスキル「題」

五年生（光村図書）の一つ目の説明的文章「言葉の意味が分かること」を例にしよう。

まず、題名に着目させる。題を見ただけでも文章内容はある程度分かる。

発問：何についての話でしょう。

「言葉」だ。

発問：言葉の何のことについての話でしょう。

「意味が分かること」だ。

発問：言葉の意味が分かること、どういうことでしょう？

よく分からないのである。

ここで、文章を読む必然性が生まれる。「では、筆者は何を言いたいのか、文章を読んでみましょう。」となるのだ。「めあて」を提示するのと同じである。

筆者は、あえて一見しただけではよく分からない題名をつけている。読んでみたくなる工夫の一つだ。このように取り上げて、学習の動機づけにしてもよい。

次に、文章をスラスラと読めるようになることが読み取りの前提だ。音読である。教師の後について読む、交替して読むなど読み方に変化をつけて何度も音読する。意味の分からない言葉を調べさせる。題名、音読、語句の意味調べで一時間かかるだろう。

2 説明的文章を読むスキル「構造」

「問い・例え・答え」「初め、中、終わり」などは文章の構造をとらえるモノサシである。段落の役割の理解にもつながる。文章を、意味のあるまとまりごとに分ける学習だ。これらが、中学校での「序論・本論・結論」へとつながる。繰り返し学習したい内容だ。

教科書では前のページに「初め・中・終わり」を学習するための「見立てる」という文章が載っている。その学習をさっそく生かしたい。

形式段落の番号を書かせる。そして、次の指示だ。

指示：「初め・中・終わり」に分けなさい。

「初め」と「中」が分けやすい。

発問：例えに出てくるものは何ですか。

コップである。コップの例えが出てくるのが形式段落3からだ。3からが「中」である。

発問：例えが終わって、まとめになるのはどこからですか。

形式段落11からである。形式段落12は、「さらに、」と接続詞があり、「終わり」が続いている。

指示：「中」をさらに、分けなさい。

「中」は大きく分けて三つだ。「コップ（3～4）」「言いまちがい（5～7）」「母語でない言語を学ぶとき（8～10）」である。

まず、自分で考えさせる。教科書に印を入れて、分けさせる。隣同士で、または、グループで話し合うとよい。その後、教室全体で発表し、話し合う。

「読むこと 説明的文章」の構造と系統

5年

① 要旨を捉える。
② 文章以外の資料を効果的に用いる。

⇦

6年

① 筆者の主張と、それを支える事例を捉える。
② 筆者の考えと表現の工夫を捉える。

参考「内容解説資料」光村図書出版株式会社

光村図書の新教科書「内容解説資料」には、説明的文章を読む構造と系統として、前ページの内容を挙げている（「読むこと」に関わる内容を抜粋して表にした）。

教室の実態に合わせて指導する。身についていないと考えられる内容があるならば、構造と系統に沿って、さかのぼって教えることも大事である。

また、説明的文章の読み方を教えるには、まず、教師が、ある程度読めるようになることが必要だ。

3 説明的文章を読むスキル「要旨」

この文章の要点となる文を一文だけさがし出せ。

説明的文章は、とても粗く言うならば、「結局は、筆者が言いたいことは何か」が読み取れればよい。読み取るスキルをおおむね身につけていれば、右の指示だけでも授業が成り立つ。意見が複数出て、話し合いや討論になり、盛り上がるだろう。

スラスラ読めるようになったら、次の発問・指示だ。

発問：筆者が読者に伝えたいことは何でしょうか。

指示１：伝えたいことを書いている一文を選ぶならどの一文か、選びなさい。

指示２：選んだ一文に指を置きなさい。

指示３：隣の人と見せ合って、選んだ理由をお互いに話しなさい。

まず、隣同士で意見を話し合う。意見はその後変わってもよい。自分の意見を確定する。

教室全体で、何人かに意見を発表させる。

意見は二つに分かれた。どちらも53ページ。

Ａ「つまり、母語でも外国語でも、言葉を学んでいくときには、言葉の意味を『面』として理解することが大切になるのです」

Ｂ「そんなとき、『言葉の意味は面である』ということについて、考えてみてほしいのです」

ＡかＢか、自分の意見を決める。

指示４：選んだ理由をノートに書きなさい。書けたら前に持っていらっしゃい。

考えた理由をノートに書く。書けたら前に持っていく。教師はノートを見てマルをつける。マルをもらった子は教室内で意見を交流してまわってよい。

書けない子を集めて問答する。問答したことを「そのまま書けばいいのですよ」とアドバイスする。

全員がノートに理由を書いた後、教室全体で発表、話し合い、討論（検討）をする。

Aを選んだ理由は、「『言葉の意味が分かること』という題名だから、『言葉の意味を面として理解することが大切になるのです』という文が、問いと答えになっている気がするから」。

Bを選んだ理由は、「大事なことは、だいたい、最後にあるから」「『考えてみてほしいのです。』と言うのは頼んでいるような感じがするから」。

意見の発表や話し合いが止まったときは、もう一度、AとBの文を読み、それぞれの一文で書いていることを読み深めるとよい。Bでは「そんなとき、」と指示語がある。指示する内容まで読むとよい。

発問：「そんなとき、」が指している内容は何ですか。

「さまざまな場面で言葉を学んでいき」「外国語の学習にもちょうせんする」とき、である。

発問：どちらが、より伝えたい一文でしょう。

「どちらも同じ意味じゃないか」「内容は一緒だ」という意見も出た。それに対し、「形式段落12のはじめは、『さらに、』というつなぎ言葉があり、11段落をうけて、さらに発展させた考え方で、『ものの見方を見直すことにもつながります』とか、『自然だと思っているものの見方が、決して当たり前ではないことにも気づかせてくれます』とあるから、11段落までは、言葉のことを言っているけれど、12段落からは言葉をこえたことを話しているから」という意見も出た。

討論は意見を言いっ放しでよい。討議と討論は違う。「要点となる文を一文だけさがし出す」という思考を通し、主体的対話的で深い学びを目指す。

おわりに、授業で考えたことを文章にして、ノートにまとめる。学習の振り返りにもなる。

引用文献①向山洋一『国語の授業が楽しくなる』明治図書、p82～83。向山洋一氏が書籍に書いている発問は「この文章の要点となる文章を一文だけさがし出せ」である。

「日常を十七音で」

【思・判・表等 B書くこと】

ポイントを押さえて俳句を書かせる

▼小塚祐爾

六つのポイントを押さえれば初めての俳句を書く指導も楽しくできる

1 俳句を書く学習は五年生で初めて登場

次の俳句は、光村図書の五年「日常を十七音で」の学習後に子供たちが作ったものである。

落ち葉がね　風にのって　旅にでる
夏の夜　キラキラ光る　夜の花
冬休み　布団にもぐり　風邪をひく
冬の日に　こたつにこもり　ゆめのなか
ひらひらと　桜舞い散る　春の空

俳句を作る学習は、国語学習指導要領の「書くこと」の言語活動例で、次のように位置付けられている。

【第一学年及び第二学年】
ウ　簡単な物語をつくるなど、感じたことや想像したことを書く活動。
【第三学年及び第四学年】
ウ　詩や物語をつくるなど、感じたことや想像したことを書く活動。
【第五学年及び第六学年】
イ　短歌や俳句をつくるなど、感じたことや想像したことを書く活動。

「感じたことや想像したことを書く活動」で、「短歌や俳句をつくる」のは、五年生で初めて行われる。光村図書では、五年生で「俳句」、六年生で「短歌」を書く単元が設定されている。

一方、短歌や俳句に親しむ学習は、第三学年及び第四学年で行われている。

つまり、第三学年及び第四学年の学習を踏まえて、第五年生の俳句づくりとなる。

2 俳句を書かせるためのポイント

俳句を書かせるためには、いくつかのポイントがある。
まず、絶対外せないポイントは、次の点である。

①五七五の十七音で書く
②季語を入れる

この二点は、四年生までの俳句を親しむ学習を通して学んできているはずである。よって、単元の学習では、復習として扱う。

次に、俳句づくりの表現の工夫として、次の点も指導したい。

①擬人法
②オノマトペ
③せりふを入れる
④気持ちを表す言葉は使わない
⑤言葉の順序を工夫する
⑥表記のしかたを工夫する

教科書には

①たとえを使う
②言葉の順序を工夫する
③表記のしかたを考える

と書かれているが、以下の実践を参考に六点をポイントとして示した（ＴＯＳＳランド https://land.toss-online.com/lesson/uVt9AgbYETviDK0kGjjG 俳句を作ろう（日常を十七音で）その2　武田晃治）。

3 ポイントを指導して俳句を書かせる

以下に、実際の指導の様子を記す。

（1）俳句の約束を確認する

まず、次の俳句とその意味を示して音読させせた

梅一輪　一輪ほどの　暖かさ　　服部嵐雪

梅が一輪さいた。ほんのり赤い花を見ると、少しずつ春の暖かさがやってきているのを感じる。

俳句で大切な約束が二つあります。それは、何でしょう。

「五七五の十七音」で書くことと、「季語」を入れることを確認した。

この句の季語は何でしょう。

ノートに書かせ、「梅」であることを確認した。

この句の季節は何でしょう。

同じく、ノートに書かせ、「春」であることを確認した。

このように、五七五の十七音で、季語を必ず入れて、感動や気づき、おどろきなどを表現するのが、俳句です。

(2) 表現の工夫を教える①擬人法

次の句を示した。

たんぽぽの　わたげが空に（　　　　）

次のように問うた。

（　　）に入る言葉は何だと思いますか。

意見を出させた後、次の句を見せた。

たんぽぽの　わたげが空に　旅に出る

引用 https://www.city.ishikari.hokkaido.jp/soshiki/manabee/2698.html

このように、「擬人法」を使うとよいことを教えた。

(3) 表現の工夫を教える②オノマトペ

続いて、次の句を示した。

バレンタイン　げんかん前で（　　　　）

同じようにノートに意見を書かせ、発表させた後、次の句を見せた。

バレンタイン　げんかん前で　ドッキドキ

引用 https://www.bukkyo-u.ac.jp/haiku/haiku_2012/3.html

このように、「オノマトペ」を使うとよいことを教えた。

（4）表現の工夫を教える③せりふを入れる

さらに、次の句を示した。

> **（　　　　）こたつの中に　こねこちゃん**

再びノートに意見を書かせ、発表させた後、次の句を見せた。

> **あれあれれ　こたつの中に　こねこちゃん**
>
> 引用 https://www.city.ishikari.hokkaido.jp/soshiki/manabee/2698.html

このように、「せりふ」を使うとよいことを教えた。

（5）表現の工夫をさらに教える

今度は、句の比較を使って、同じように以下の表現の工夫を教えていった。

> **■気持ちを表す言葉は使わない**
>
> **○お年玉　ママのじゃないよ　ぼくのだよ**
>
> 引用 https://www.bukkyo-u.ac.jp/haiku/haiku_2012/index.html
>
> **×お年玉　ママのじゃないよ　悲しいな**
>
> **■言葉の順序を工夫する**
>
> **夏祭り　友と一緒に　浴衣着る**
>
> **浴衣着る　友と一緒に　夏祭り**
>
> 引用 https://www.city.ishikari.hokkaido.jp/soshiki/manabee/2698.html
>
> **■表記のしかたを工夫する**
>
> **たんぽぽや　コンクリやぶって　どこんじょう**
>
> 引用 https://www.city.ishikari.hokkaido.jp/soshiki/manabee/2698.html
>
> **たんぽぽや　コンクリ破って　ど根性**

（6）ポイントをもとに俳句をつくらせる

これらのポイントをもとに、次のステップで俳句を書かせていき、冒頭の俳句ができあがった。

> **①なんのことを書くか**
>
> **②季語を決める**
>
> **③まず書いてみて、修正する**

最後に、できあがった作品を画用紙などに書いて掲示するとよい。そして、読んだ感想を互いに伝え合うと、お互いの表現のよさを学ぶことができる。

「言葉の意味が分かること」

【思・判・表等 C読むこと】

要旨をまとめるスキル
四つのステップで要旨をまとめる

▼榎本寛之

1 要約と要旨を区別する

光村図書の教科書で「要約」という言葉が出てくるのは四年生である。次のように定義している。

> **文章の内容を短くまとめること**

例えば、「桃太郎」のお話を二十字程度で要約すると、次のようになる。

『犬、猿、きじをつれて鬼退治した桃太郎。』

教科書教材では百字程度で要約させているが、初期の指導としては、二十字程度で要約させるのがいい。

そして、五年生で「要旨」という概念が出てくる。教科書では、次のように説明されている。

> **筆者が文章で取り上げている内容の中心となる事がらや、それについての筆者の考えの中心となる事がら**

つまり、要旨には、筆者の考えが入ってくる。物語では、作者がお話を通して伝えたかった内容、説明文では、筆者の考えや主張になる。さて、「桃太郎」のお話の要旨例を紹介する。

『仲間と協力し目的を達成することが大切である』高学年では、まず、要旨をまとめるスキルの指導が必要である。そして、その要旨をもとに自分の考えを書いたり、発表したりできなければならない。

2『言葉の意味が分かること』の指導

（1）『見立てる』の授業

単元全体の目標は、「文章の要旨をとらえ、自分の考えを発表しよう」である。

練習教材があるのが光村図書の特徴である。見開き二ページ教材で、しかも下段に発問例が掲載されているので、参考になる。

十回程度、音読練習をさせた後、要旨を次のステップでまとめさせる。

①繰り返し出てくる言葉を探す。
②筆者の考えが書かれた段落を確認する。
③最も大切な文を選ぶ。
④字数を決め、要旨をまとめる。

全部で六段落あることを確認する。

繰り返し出てくる言葉は何ですか。

見立てる。

「見立てる」とは、どういうことですか。
「〜ということ」になるように書きなさい。

あるものを別のものとして見るということ。

筆者の考えが書かれているのは、どの段落ですか。

通常、六段落が出るだろう。

六段落で最も大切な文に線を引きなさい。

一文目の「見立てるという行為は、想像力に支えられている。」である。

実は、筆者の考えは、他にも書かれています。この文と似た文がありませんか。

一段落にある。「たがいに関係のない二つを結びつけるとき、そこには想像力が働いている。」

筆者の考えが最初と最後に書かれています。このような説明文を双括型と言います。

どちらの文にも「想像力」が使われている。第二キーワードと言っていいだろう。

この想像力は何と深く関わっていますか。

自然や生活。

筆者の考えをまとめたものを「要旨」と言います。この文章の要旨を五〇字以内でまとめなさい。

一段落と六段落を中心にまとめさせる。

次のようになる。

あるものを別のものとして見る「見立てる」という行為は、自然や生活と深く関わる想像力に支えられている。（五〇字）

(2)『言葉の意味が分かること』の授業

教材が変わっても同じステップで要旨をまとめることができる。音読練習を十回行う。

いくつの段落がありますか。番号を書きなさい。

早い子に最後の段落がいくつか確認する。全部で十二段落ある。

問いの文は、何段落にありますか。

二段落にある。問いの文に線を引かせる。「それでは、言葉の意味に広がりがあるとは、どういうことなのでしょうか。」

答えの文は、何段落に書かれていますか。

十一段落にある。答えの文に線を引かせる。「つまり、母語でも外国語でも、言葉を学んでいくときには、言葉の意味を「面」として理解することが大切になるのです。」

問いと答えを続けて読みなさい。

その例が三～十段落に書かれている。全体の構造を整理するためのワークシートを準備するとよい。

繰り返し出てくる言葉は何ですか。

言葉の意味、言葉の広がり、言葉の意味のはんい、言葉を見直す、意味のはんい、意味には広がりがある、等が出てくる。

筆者の考えが書かれているのは何段落ですか。

一段落と十二段落はすぐに出る。『見立てる』と同じように双括型の説明文である。実は、十一段落もそうだ。ヒントは十二段落の「さらに、」である。つまり、十一段落から続いているのである。

十二段落の筆者の考えに線を引きなさい。

一文目になる。

「さらに、言葉の意味を「面」として考えることは、ふだん使っている言葉や、ものの見方を見直すことにもつながる。」

一段落の最後の文も同じ内容である。

「このことを知っておくことは、言葉を学ぶときに役立ち、ふだん使っている言葉やものの見方を見直すことにもつながります。」

このこととは、どんなことですか。

「言葉の意味には広がりがあること」である。

文章の要旨を百五〇字以内でまとめなさい。

十一、十二段落を中心にまとめさせる。次のようになる。

言葉の意味には広がりがあり、言葉を適切に使うためには、そのはんいを理解する必要がある。つまり、言葉を学んでいくときには、言葉の意味を「面」として理解することが大切である。さらに、言葉の意味を「面」として考えることは、ふだん使っている言葉や、ものの見方を見直すことにもつながる。（一三八字）

このように要旨をまとめたあとで、「共感」「納得」すること「疑問」に思うこと等、自分の考えをまとめさせればよい。

「目的に応じて引用するとき」

【情報の収集・活用】情報を集める力がつく調べ学習の教え方ガイド「目的に応じて引用するとき」（光村図書）

▼辻　拓也

調べ学習の全体像を次に示す。

調べ学習の全体像

①課題設定	②情報収集	③整理分類	④まとめる	⑤表現する	⑥検討する
問いをつくる	資料を集める	整えて分ける	書く	説明する	直す
①情報を知る ②問いをつくる ③調べたいことを書き出す ④一つにしぼる	①調べ方を選ぶ ②調べるメディアを選ぶ ③資料を探しだす ④資料を選んで取り出す	①集めた情報を検証する（いつ／誰／どこの情報） ②情報を比べる ③特徴や傾向をつかむ	①情報をひとつにまとめる ②書く順序を決める ③絵、写真、図表等を使う ④引用を正しく記載する	①プレゼンテーションする ②事実と意見を区別する ③事実を正確に伝える ④根拠に基づいて伝える	①意見を交流する（わかり易さを生む工夫） ②真似したい工夫を探す ③交流を踏まえて書き直す
A 情報を収集する方法		B 情報の大枠を捉える方法		C 情報を分かり易く伝える方法	
検索ワードの選択、変化、付け加え 信憑性の高い情報の抽出、引用の仕方		大切な言葉＝キーワードの抜き出し 情報を複数の視点から比べ、捉える		自分がわかる言葉を使う 非連続型テキストを活用する	

　本単元は、上記の図の中の「①課題設定」と「②情報収集」を扱う。③以降は次の「書く」単元で扱われる教科書構成になっている。

　教科書では「①課題設定」の部分は、「日本の森林の特徴について調べたことを報告する」と状況がすでに決められているので、実際は「②情報収集」の手順を教える。以下、実際の授業展開である。挿絵の吹き出し、下の文章を読ませる。

指示：「・」に番号を振りなさい。

「・」の三つに番号をふらせて、もう一度読ませる。「①」について、確認する。

発問：木原さんの調べる目的は何ですか。

「日本の森林の特徴について調べる」となる。

次に、「③」についてテンポよく問い、子供に言わせる。

発問：左上に文章があります。この文章の出典となる本を書いた人は誰ですか。
発問：本のタイトルは何ですか。（森林の働き）
発問：出版社はどこですか。（大空書店）
発問：いつ出された本ですか。（二〇二〇年です）
発問：何ページの部分ですか。（52ページです）

その後、次を説明する。

説明：このように引用とは、誰が書いたか、本のタイトル、出版社、出版年、ページを正確に書くのです。

次に、正確に記録されているかを確認させる。

指示：右下の木原さんの引用カードは正しく記入されているか確かめなさい。

次に「②」を扱うために、全員に音読させる。

指示：一回読んだら座ります、全員起立。

「森林の働き」の文章を読ませた後、次を問う。

発問：木原さんの引用したい部分はどこですか。

数名に、引用したい部分を読ませる。

発問：このまま引用していいですか。

子供から意見を出させたい。出ない場合は前ページの「②」をもう一度確認させる。

発問：「正確に書き写す」とあります。これは正確ですか。

途中の一文を抜いている。このままだと正確ではない。正確さにこだわらせたい。

説明：これをこのまま引用と書いてしまうと、正確とは言い切れなくなってしまいます。

途中抜いた文章がわかるようにするときは〈中略〉とつけます。あるいは、二つの文章を引用するので、①、②とわかるようにしておくとより丁寧です。

次に、違う目的の場合の引用箇所を読み取らせる。青三角で示された文章を読ませて、次を問う。

発問：引用する目的は何ですか。
発問：どの部分から引用しますか。

「また、森林～」と「ダムと～」が出る。「その他にも～」のところもではないか、という意見も出てくる場合がある。

発問：水害とは何ですか。

「こうずい」「水不足」「地すべり」が出てくることが考えられる。ここで、次を問う。

発問：本当にこの三つは「水害」なのですか。

洪水はイメージできる。ここで検討するのは「地すべり」である。

発問：「地すべりは水害かを確かめる」ことを目的に、調べてもらいます。どんな調べ方がありますか。

「辞書」「本」「インターネット」「YouTube」といった意見が出てくる。

他にも「日々のニュース」「身の回りの人に聞く」「新聞」などがある。今回は、「インターネット」で調べさせることとし、タブレットを使って自由に調べさせる。教科書260ページに「インターネットを使って調べよう」がある。教科書を開かせ、問う。

指示：三つの方法があります。1、読みます。
指示：手がかりとなる言葉を「キーワード」と言います。言ってごらんなさい。

「キーワード」と言わせてから念のため、次を問う。

発問：「キーワード」とは何ですか。

「手がかりとなる言葉です」と確認させる。

さらに「2」「3」ともに子供に読ませてから、次を問う。

発問：何を確認するのですか。

「いつ」と「誰」である。

タブレットを用いて、インターネットでの情報を集める手順を例示する。

指示：「地すべりとは　子供向け」と打ち込んで検索しなさい。

検索の中から、一つ教師が選ぶ。

指示：目的に合った部分を正確に書き写しなさい。

地すべりは、「水害」であることがわかる。書き写したものを読ませ、正しく書き写しているか確認する。

次に、引用の手順を教える。

指示：出典、アドレスを記録します。
発問：どこ（誰）のサイトですか。
発問：タイトルは何ですか。
発問：いつの記事ですか。

「いつ」が書いていない場合がある。書いていなければ、書かなくてよいことを伝える。

発問：もう一度聞きます。青三角の目的の場合、文章のどこを引用しますか。

さらに調べ学習につなげるために次の指示を出す。

指示：上の文章から、調べてみたいことや疑問に思ったことを書き出しなさい。

書き出した後、全員に発表させて次を指示する。

指示：調べられそうなものと調べられそうにないものに分けなさい。

分類させてから、次を指示する。

指示：その中で一つ、自分で調べられそうなものを選び、どうやって調べるか、言いなさい

次の時間、それぞれが調べた内容を発表させる。正確に書き出しているかどうかを確かめさせる。

「メディアと人間社会」

【知識・技能　情報の扱い方】

要約指導で情報を整理する

～キーワードを特定・整理・分類する～

▼石田涼太

1 本文全体を「整理」する

説明文では、筆者の意見と具体例を明確に分類し、把握する必要がある。できることなら、一言で要約もさせたい。そのためには、本文全体把握はもちろんのこと、「キーワード」を見つけ出しまとめる作業が必要となる。本ページでは『メディアと人間社会（光村六年）』を扱い、情報を整理・分類した上で要約する授業プランを紹介することとする。

まず、本教材を段落ごとに簡単に整理すると、次のようになる。

第一段落・・・情報で思いや考えを伝える
第二段落・・・文字
第三段落・・・音声
第四段落・・・映像
第五段落・・・インターネット
第六段落・・・欲求により発展したメディア

となる。これらを、活動を中心とした発問・指示で授業を組み立てていく。

まず、音読をした後、題名、作者、段落などを聞く。次に、本文全体の構造を掴む。

はじめ・中・終わりの三つに分けるとしたら、どこで区切れますか。境目に線を引きなさい。

①一段落、②二～五段落、③六段落となる。

これは、筆者の意見や文章の内容を理解させるために、出てきた情報を「整理」させている。

次に、キーワードを見つける作業に入る。

キーワードは何ですか。

「情報」である。文章に一番多く出てくる言葉がキーワードになりやすいと、一言伝えておくとなおよい。

また、第一段落に「メディア」という表記がある。

メディアを辞書で調べなさい。

「手段・媒体」と出てくる。つまり、「情報を伝える手段」について書かれている文だと言える。これは、一台端末を全員持っているはずなので調べさせ、読ませるとよい。早く調べた子に読ませることによって、ゆっくり調べている子との時間調整にもなる。

このように、本文全体の要旨を掴み、言葉の定義を行う。この活動を通して、内容の「整理」を行うことができる。

キーワード	「情報」
メディア	「手段・媒体」
	情報の手段

2 端末活用のポイント

視覚化するために、一人一台の端末を使って行うことも可能である。例えば、グーグルスライドに本文を張り付け、子供に配る。配布したスライドの本文に線を引かせたり、キーワードに図形機能を使って○で囲ませたりすることも可能である。クラウドで保存されるため上書き保存の必要もない。また、自宅で授業を受ける子供も、教室で授業を受ける子供に対しても、同じ質を保障することができる。

3 スライドを使って「分類」する

キーワードを定義した後は、情報を抜き出し、分類する。第一段落に「さまざまなメディア」とあるため、その部分を取り上げる。

他に情報を伝えるメディアは何がありますか。

「できるだけたくさん、ノートに箇条書きにしなさい」と指示する。新聞、本、手紙、ラジオ、テレビなど、様々な媒体が出てくるはずである。それらをスライドに箇条書きにさせる。単語は、オブジェクトごとに分けておいたほうが、後ほど便利になる。なお、順序は違ってもよい。その後、出てきたものを整理する作業に入る。

情報は何から何、何から何に変わっていきましたか。

「文字から音声、音声から映像」となる。情報の手段は、変化していることを読み取ることができる。そして、「分類」させる。

それぞれ、「文字」「音声」「映像」に分類しなさい。

先程、箇条書きにした言葉をグーグルスライドで、分類させる。オブジェクトごとにしておけば、動かすだけでよいため、非常に簡単である。また、「文字」「音声」「映像」として、図形で囲ませると、視覚的に情報を整理することが可能だ。最後に、順序通りにすれば情報が整理される。

順番に並べ替えなさい。

以下の図のように、スライドを使うとよりスッキリすることができる。

最後に、これらを一つのキーワードで整理する。

「文字・情報・映像」を一言で何といいますか。

これは、「メディア」となる。「メディアには何がありますか」と発問しているため、簡単に子供たちから発言が出てくるだろう。つまり、二つ目のキーワードは「メディア」となる。

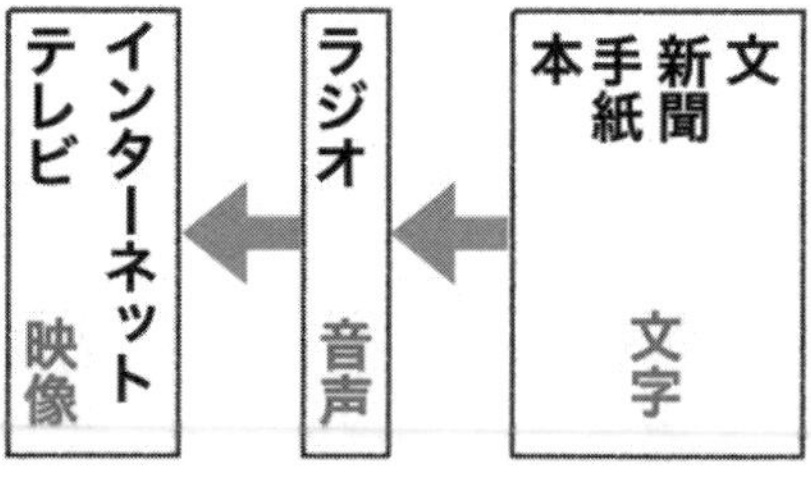

4 キーワードを特定する

先述した通り、情報を整理する上で「要約」は欠かせない。一つ目は「情報」、二つ目は「メディア」だ。しかし、これだけで要約はできない。さらなるキーワードの特定が必要となる。「文字→情報→映像」とメディアが変化していったことをおさえたうえで、次の発問をする。

メディアが次々と変化してきた理由を示す一文はどれですか。

これは、六段落一文目「メディアは〜進化してきました」だ。今回は構成上、「一文を探しなさい」としているが、「段落→一文→単語」のように特定した方がよい。ちなみに、単語で表すと「欲求」だ。「思いを伝えたい」というような欲求によって人は情報の伝達技術を発達させてきたとあるからだ。

つまり、本単元のキーワードは「情報」「メディア」「欲求」となる。

5 特定したキーワードを要約する

向山型要約指導という方法が存在する。向山洋一氏提唱の指導法だ。本文の中からキーワードを抜き出し、本文全体を要約する。そうすることで、どの解答も同じ内容になるという指導法である。本単元で、キーワードを三つに絞った。それらを要約させ、教師が個別評定していく。

二十字以内で要約しなさい。

要約を個別評定していく上で必要なのは、「評定基準の設定」である。例えば次のように設定する。

欲求……………2点　変化する情報……4点
メディア……3点　体言止め…………1点

このように、評定基準を設定しておくと教師側も評定が容易となる。向山型要約指導では、「最も重要なキーワードが最後に来る」、つまり「体言止め」でまとめさせることが重要となる。その結果、ほぼ同じ解答となるのだ。

欲求によって変化する情報とメディア。

ほぼ、同じ答えになるはずである。ここで重要なのは「教師は教えない」ことだ。ただ単に評定のみをする。そうすれば、自然と情報が整理されていき、子供たちが自力で要約できるようになっていくのである。

「調べるときに使おう」

【情報の収集・活用】

図を文章にする力がつく言語化の教え方ガイド

五年 調べるときに使おう「目的に応じて引用するとき」（光村図書）

▼辻 拓也

1 統計資料の読み方のポイント

下の図に整理した。グラフの読み取り方を知らなければ文章にできない。他教科でも扱うがここでも次のように問う。

発問：タイトルは何ですか。

同様にして、「出典」「年（度）」「縦軸（単位）」「横軸（単位）」について問い、

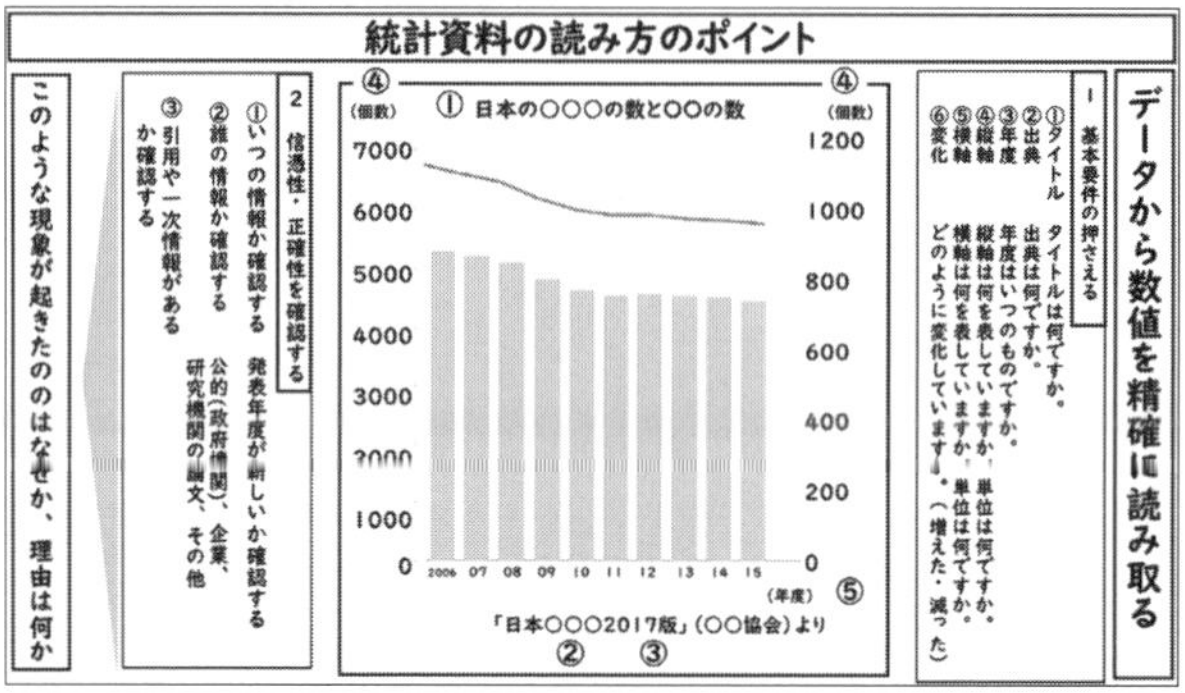

グラフの変化を確認する。

発問：グラフはどうなっていますか。

蔵書数は緩やかに増えている、と言える。次に男の子の「最新のデータを探してみよう」について問う。

発問：どうやって探せばよいですか。

出典「図書館年鑑」の最新年度で調べればよい。タブレットを使って確かめさせる。

中段のグラフは、文章を読み、上のグラフと同様に確認する。文章にあるとおりグラフの変化を読み取らせることがポイントである。

発問：気になることはありませんか。

波線に気づかせる。出てこなければ教師から示す。目盛の調整による見え方の違いは、実際に自分でグラフをつくるとわかりやすい。タブレットで表計算ソフトを用い

る。教師が実際にやって見せてもよい。
　下の二つの表の違いを子供に発見させたい。
次のように問う。

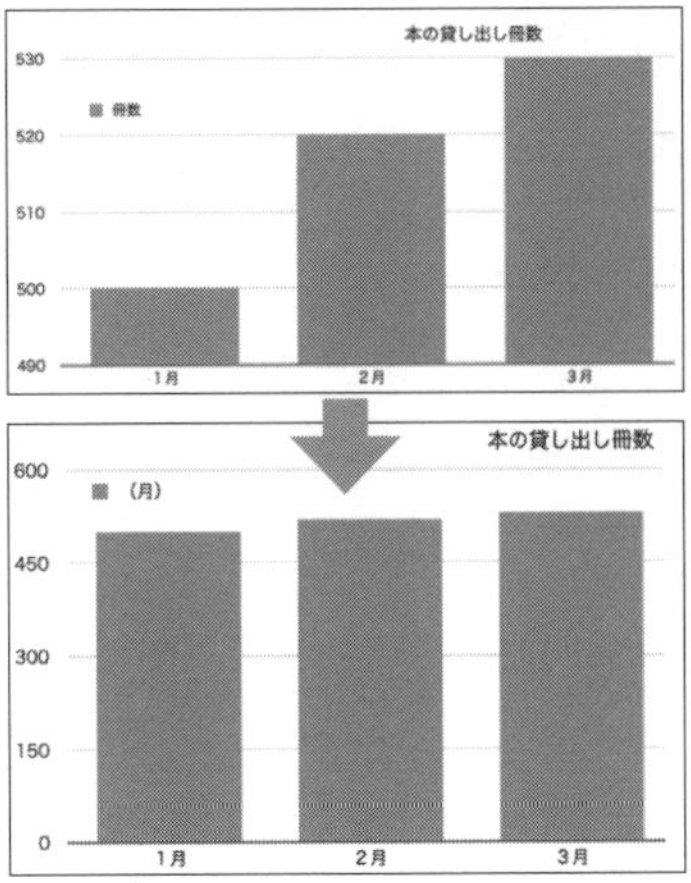

発問：上下のグラフの違いは何ですか。

「年」「調査した人の数」「全国の市立図書館」、子供たちに発見させて、確かめさせる。

2 グラフや表を用いて書こう

　タイトルを読ませ、教師が文章を読み、青四角1を読ませる。次に下の学習の進め方について、~5まで順に読ませてから、次を問う。

説明：「わたしたちの社会が暮らしやすい方向に向かっているか」について考えます。

「1自分の考えを持つ」とありますが、考えをもつには、さまざまな情報を集める必要があります。
発問：何で集めますか。

　教科書に書いてあるのは「日々のニュース」「身の回りのこと」である。他にも統計資料やその他からも集めることができることを確認する。
　タブレットを用いてさまざまな情報を集めさせて、自分の考えをもち、発表させるのも面白いが、ここでは後半に出てくる白石さんに合わせて「暮らしやすい方向に向かっている」の考えと指定して授業を進める。

3 自分の考えに合ったグラフや表を選ぼう

　文章を読んで、次のように問う。

指示：白石さんは次の四つの資料を集めてきました。それぞれの表に番号をふりなさい。

　右上1、右下2、左上3、左下4と番号をふらせる。
　次に、資料から分かる事実と、そこから考えられることを書き出させる。

発問：四つの中で、何か気になることはありませんか。

1のグラフに波線がある。授業冒頭に扱っているので子供に気付かせたい。教師が作成し、目盛を修正したグラフを踏まえて次を指示する。

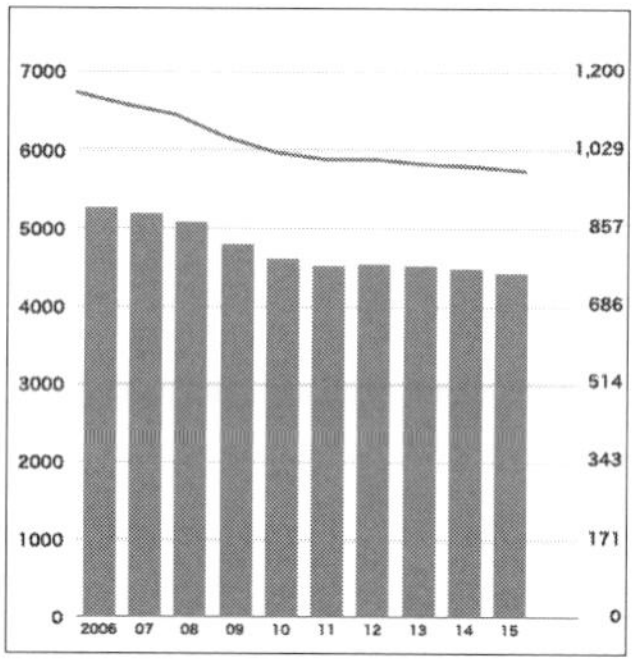

指示：グラフから分かる事実をノートに箇条書きで書き出しなさい。

箇条書きで書かせる。五分程待って、いくつ書けたかを尋ね、二番目に多かった子に発表させる。次に、一番多かった子に発表させ、さらに付け足せる子に意見を言わせる。

時間があれば、残りの三つも行わせる。あるいは宿題としてやらせても次の時間に確認してもよい。

4 何を、どの順序で書くか決めよう

教師が教科書本文を読んだ後、問う。

発問：どの順序、組み立てで書くとよいのですか。

教科書に書いてあることを見つけて、言わせる。

指示：番号をふりなさい。

三つ番号をふらせる。次に、白石さんの文章をもとに書き方の手順を教える。まずは、音読させる。

指示：白石さんの文を読みます。
発問：最初の段落は何が書かれているのですか。

「自分の考え」である。一文目に結論、二文目は理由、三文目と四文目は根拠として二つの事例を出していることを説明する。

発問：二つ目の段落は何が書かれているのですか。

「グラフや表の説明と、それをもとに考えたこと」である。

発問：まず何を書きますか。

「何を表す資料なのかを書く」である。教科書に書かれている。同様に「次は何を書きますか」と問い、下の部分を読ませていく。最初の一文目は正確に説明しているとは言えない。そこを子供から出させたい。次のように授業を展開する。

発問：「上のグラフは～」この一文は正確ですか。

タイトルと違っていることに気づかせる。

指示：正確に書き直しなさい。

引用について正確に書くことである。タイトルのままがよい。「日本」を加えるとさらによくなる。

発問：三つ目の段落は何が書かれているのですか。

「まとめ」である。

発問：最後に何が書かれていますか。

参考にした資料名、サイトなど、出典である。

5 書いた文章を友達と読み合おう

指示：白石さんの文章を参考にして、「暮らしやすい方向に向かっている」の考え方で、文章を書きなさい。グラフはどれを選んでもいいです。自分で調べて選んでも構いません。

タブレットを使って調べさせる。グラフを自分で選べない子は相談に来させる。教師が次のようなグラフを示すとよい。「平均寿命」「乳幼児死亡率」「児童労働」「識字率」。子供が意見を書きやすそうなグラフを準備し、その中から選ぶように伝える。欲しいデータをどんなキーワードで探せばよいかを伝えるのもいい。

「どちらを選びますか」

【思・判・表等 C読むこと】

討論の練習をチャットで行う

五年「どちらを選びますか」「よりよい学校生活のために」

▼村上 睦

1 「どちらを選びますか」

> 96ページ。校長先生が迷っています。何を迷っていますか。

・家で飼うペットを犬にするか猫にするか。

> あなたはどちらがいいと思いますか。

何名か自由に発表させる。

・犬がよい。なつきやすいし、遊び相手になるから。

・猫がよい。散歩する必要がなくて楽だから。

> みんなの意見を集めます。端末を用意しなさい。

学校で使っている端末を開かせる。

> チャットに「犬がよい。なぜなら…」または「猫がよい。なぜなら…」のどちらかを入力して送信します。

主なプラットフォーム別のチャットの扱い方は次の通り。

〈 Zoom の場合 〉

画面下の「チャット」から送信する

〈 GoogleMeet の場合 〉

画面右下の「メッセージ」から送信する

〈 Teams の場合 〉

画面中央の「会議チャット」から送信

しばらく自由に入力させる。

○○さんの書き方が分かりやすいですね。
○○君の意見は説得力がありますね。

等のように、適宜、よい意見を取り上げて評価する。

時間で区切って作業を止めさせる。

犬派の人？　猫派の人？　それぞれ、相手の意見に対して質問や反論はありませんか？

自由に発表させる。

・犬はなつきやすいと言うが、どんな犬でもなつくのですか？

・猫は散歩がなくて楽と言う意見があるが、散歩するのが楽しい人もいる。

チャットを見返して、質問や反論を考えて入力しなさい。「犬派の人は……だと言うが、……だ。」という形で書くと分かりやすいですね。

しばらく時間を取って入力させる。

「犬がよい」か「猫がよい」か、どちらか立場を決めて、ノートに意見を書きなさい。

書き方の例を示す（チャットを開いたままなら、チャットに送ると早い）。

私は校長先生に○をすすめます。理由を説明します。
一つ目は……
二つ目は……
以上の理由から、○がよいと考えます。

早く書けた子には「反論を考えて答えを用意しておきなさい」と言う。

書けたら発表する。

犬派、猫派、どちらからでも構いません。言える人から意見をどうぞ。

しばらく自由に発表させる。

友達の意見を聞いていて、質問や反論が思い浮かんだら、いつでも手を挙げて発言していいです。

様子を見ながら、意見交換させる。

どちらの意見に、より説得力があったか、聞いてみます。

「メンチメーター（mentimeter）」を開き、事前に準備しておいたアンケートのURLをチャットに送る（アンケート形式は、結果を棒グラフで表示できるMultiple Choiceがよい）（https://www.mentimeter.com/）。

あなたが校長先生だとしたら、どちらの意見に説得力があったと思いますか、選んで入力しなさい。

送信すると同時に結果が集約される。教師の画面をテレビに映しておくと、リアルタイムで結果が分かる

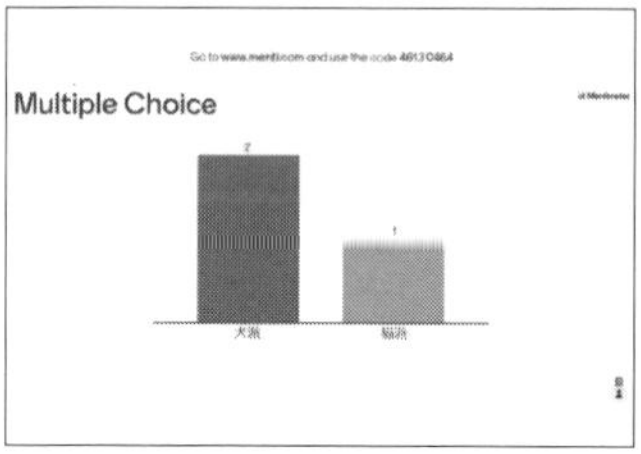

ので盛り上がる。

97ページの下。「二つの立場から考える」。みんなで読みます。

二つの「・」を一斉音読して確認する。

2 教科書の構造

教科書では「対話の練習」という位置付けのこの単元は、128ページの「よりよい学校生活のために」という単元につながっている。

「どちらを～」で学習した内容を、「よりよい～」で生かして学習を発展させることになる。

3 「よりよい学校生活のために」

コロナ禍で、「グループで一緒に付箋を使う」というような活動がしにくくなっている。そこで、ICTの出番である。「Jamboard」を活用して、129ページの活動を行う。

今の学校生活の中で、解決した方がよいと思う課題はありますか？　みんなで出し合いましょう。

端末を開かせ、事前に準備しておいたJamboardのURLを送る（全員で一つのボードを共有すると混乱するので、四～五人に一つずつ、別のボードを作っておくとよい。「〇班はこのURLを使いなさい」というふうに指示するのである）。

みんなで解決すべき学校生活の課題を思いついたら、どんどん付箋に書いていきなさい。

しばらく時間を取って作業させる。ある程度課題が出たら、教師の画面をテレビに映して全員で共有する。

グループごとに写して課題を読ませてもよい。

今回は、この中のどの課題について話し合いたいですか？

挙手で確認する。子供の意見をふまえて、検討課題を一つに絞る。

この課題について、「解決方法」と「理由」を考えて書きます。

ここではメンチメーターの「Open Ended」機能を使う。送信された意見が順次並べられて、見やすく表示される。

出された意見について、質問や意見はありますか？

教師画面をテレビに映しておけば、その場ですぐに意見交換に入ることができる。

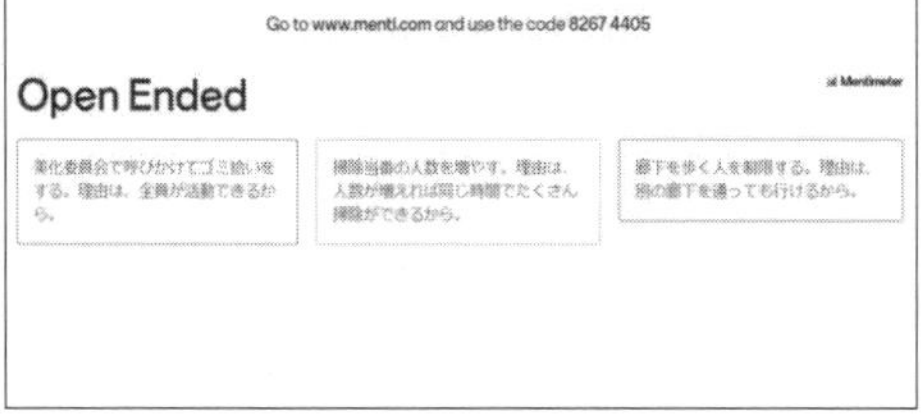

「大造じいさんとガン」

【観点・学習指導要領の内容】

「とらえる・ふかめる・まとめる・ひろげる」手順―チェックシート ―五年光村「大造じいさんとガン」―

▼文川健輔

中心人物の心情変化を捉えることで、中心人物の見方・考え方の変化がわかり、物語のクライマックス（山場）までせまることができる単元である。見方・考え方を生かした学習を展開する。

四年生の最後の物語文。「初雪の降る日」では、「とらえよう」において、登場人物と場面における出来事をとらえる活動。「ふかめよう」において、登場人物の場面における心情を気づいたことや感じたこととしてまとめる活動。「まとめよう」において、主題を捉えて感じたことを作文する活動。「ひろげよう」において、「まとめよう」の意見を交流する活動が教科書のガイドページに載っている。

「大造じいさんとガン」は以下のように進めていく。

光村図書五年。２３８ページの「学習」では、四年生と同じように「とらえよう」、「ふかめよう」、「まとめよう」、「ひろげよう」の四つの学習で成り立っている。

「とらえよう」
段落分け・登場人物・中心人物・要約・山場（クライマックス）
「ふかめよう」
心情変化・情景描写（色彩）
「まとめよう」
主題
「ひろげよう」
題名

このような学習活動を展開する。

1 「とらえよう」

（1）段落を分ける

段落に番号をふりなさい。

一～七四までとして分けられる。

物語の始まりの段落に○をつけなさい。

ここで1から物語が始まる子供と3から物語が始まる子供に分かれる。

時間をかけずに、前書きについて説明をする。

物語が始まる前の文章を、「前書き」といいます。実際に物語が始まったのは段落のどこからですか。

「3」である。

221ページ5行目に「この物語をお読みください」とある。

子供たちに理由をそれぞれ言わせても盛り上がる。

(2) 場面を分ける

前書き　220ページ1行目
第一場面　221ページ8行目
第二場面　225ページ10行目
第三場面　229ページ2行目
第四場面　236ページ2行目

場面を分けた後、各場面の1行目を音読させる。

第一場面「今年も～」、第二場面「その翌年も～」、第三場面「今年もまた～」、第四場面「大造じいさ～一冬をこしました。」とある。音読を通して、長年にわたる話だということを理解させる。

この物語は、何年間の出来事ですか。

「三年半」

(3) 登場人物

「話者（わたし）、大造じいさん、残雪、はやぶさ、ガン、知り合いの狩人」が出てくる。

(4) 中心人物

この物語の主役と対役を決めなさい。

主役：大造じいさん
対役：残雪
主役は、物語において心情変化をしたり、何回も登場したり、話を進める役目である。
対役は、主役に一番大きく関わる役目のことをいう。主役の心情変化に影響を与えることもある。
今回は、大造じいさんと仮定し進める。

(5) 要約する

主役が、大造じいさんであると確定したのちに、各場面の要約をさせる。文章の末を大造じいさんで体言止めをする「～大造じいさん」。

第一場面
ウナギつりばりでガンの群れをつかまえようとしたが失敗した大造じいさん。
第二場面
大量のタニシでガンの群れをつかまえようとしたが失敗した大造じいさん。
第三場面
おとりを助けるためにけがをした残雪を保護する大造じいさん。
第四場面
残雪と別れた大造じいさん。

(6) 起承転結に分ける

起承転結に分けなさい。

起：第一場面
承：第二場面
転：第三場面
結：第四場面
場面が四つなのですぐに決まる。

(7) 山場(クライマックス)

起承転結で山場に来るところはどこですか。

「転」

（8）人物の関係性

大造じいさんは残雪のことを最初、どのように思っていましたか。6文字で抜き出しなさい。

「いまいましく」（222ページ6行目）

大造じいさんは残雪のことを最後、どのように思っていましたか。6文字で抜き出しなさい。

「ガンの英雄」（237ページ5行目）

2「ふかめよう」

（1）心情変化

大造じいさんは何をきっかけに変わりましたか。

「残雪がハヤブサと戦い、けがをしても頭領としてのいげんを堂々としている姿を見たこと」このような意見が考えられる。

「大造じいさんは、心強く打たれて、ただの鳥に対している気がしませんでした。」（235ページ4行目）とある。残雪をただの鳥に感じないようになったきっかけが重要である。

第三場面「転」の最後において、残雪へ敬意を払っているように感じる表現が出てくる。

「鳥とはいえ、いかにも頭領らしい堂々たる態度」（234ページ14行目）

「最後の時を感じて、せめて頭領としての威厳を傷つけまいと努力している」（235ページ2行目）の部分である。第三場面「転」が山場（クライマックス）であることを明示している。

心情変化ときっかけをノートにまとめなさい

「大造じいさんは、はじめ残雪に対していまいましいと思っていたが、残雪がハヤブサと戦い、傷ついても頭領としてのいげんを堂々としている姿を見たことをきっかけに、残雪のことをガンの英雄だと思うようになった」。

（2）情景描写

第三場面において使われている情景描写や色彩。

・青（すんだ空）・赤（東の空が真っ赤に燃えて）

・赤（くれない）・白（残雪・雲・羽毛）

第三場面が一番色彩が多く使われている。

3「まとめよう」

主題を表す言葉を探しなさい。

「堂々」（だが、中心人物により代わる）

この物語の主題を文章で短くまとめなさい。

4「ひろげよう」

3「まとめよう」で書いた文章を使い、交流を図る。

【参考文献】ＴＯＳＳランド松藤司「大造じいさんとガン」

学習指導案　ID:abqkeanjnh5judho

振り返りチェックシート「大造じいさんとガン」

↑印刷・ダウンロードはこちら

5年（　　　）組　名前（　　　　　　　　　　　　　）

①段落は、全部でいくつに分けることができましたか。

②場面は、全部でいくつに分けることができましたか。

③登場人物をすべて書いてください。

④中心人物は誰ですか。そう考える理由も書いてください。

中心人物（　　　　　　　　　　）

理由：

⑤起承転結は、それぞれ第何場面ですか。

起：第（　　　　　）場面

承：第（　　　　　）場面

転：第（　　　　　）場面

結：第（　　　　　）場面

⑥山場（クライマックス）は第何場面ですか。そう考える理由も書いてください。

第（　　　　　）　場面

理由：

⑦「大造じいさんとガン」についての感想を書いてください。

「海の命」

【観点】
内容構成をとらえさせる手順
―六年光村「海の命」―

▼木田健太

「内容」、「構成」、「山場」。物語教材を読解する上でどれも重要なキーワードである。「海の命」の学習ガイドには、これらのキーワードが散見される。これらのキーワードを駆使して、教材を読み解けるかどうか、子供自身が振り返る機会としてチェックシートを活用されたい。

1 内容・構成をとらえる

(1) 登場人物を確定する

登場人物とは、「話の中で実際に話したり、考えたり、行動したりする人物や動物のこと」であると定義する。すると、登場人物は、「太一」、「おとう」、「与吉じいさ」、「母」、「瀬の主(＝大魚)」であると確定できる。

(2) 場面を分ける

「ある日」のような、時を表す言葉や、一行分空いていることから、次の六つの場面に分けることができる。

一場面　最初〜
二場面　220ページ2行目〜
三場面　222ページ4行目〜
四場面　224ページ1行目〜
五場面　228ページ8行目〜
六場面　229ページ6行目〜

(3) 要約する

六つの場面を、「○○した太一」という体言止めで要約する。あるいは「太一が〜」でもよい。主語を統一することで比較しやすくなる。

一場面　父を亡くしてしまった太一
二場面　与吉じいさの弟子になる太一
三場面　村一番の漁師になった太一
四場面　父の死んだ海に行った太一
五場面　クエを殺さなかった太一
六場面　幸せに暮らした太一

(4) 起承転結に分ける

先ほどの六つの場面をさらに「起承転結」に分ける。

起　一場面　**承**　二・三・四場面
転　五場面　**結**　六場面

(5) 人物同士の関わりに迫る

国語である以上、人物同士の関わりを、書かれてある言葉や文章から考えさせたい。

太一はどんな若者になっていたのですか。書き抜きなさい。

「あらしさえもはね返す屈強な若者」である。

若者になった太一はどんな様子でしたか。書き抜きなさい。

「母の悲しみさえも背負おうとしていた」である。この「さえも」がポイントである。

太一は他に誰の何を背負おうとしていたのですか。

222ページ、与吉じいさが「おまえは村一番の漁師だよ。太一、ここはお前の海だ」と言っている。このことから与吉じいさが、太一のことを一人前と認め、希望を託したことが分かる。よって、母や与吉じいさの「期待」、「希望」などが挙げられる。

2 山場を検討する

「山場」とは、クライマックスのことであり、物語が変化するところである。「海の命」の場合、「転」は五場面だと確定できる。次に、変化する前と後を確定しなければならない。よって、

五場面で、太一の考えが変わったと思う箇所に線を引きなさい。

子供の意見を大きく分けると、次の二つになる。

①これまで数限りなく魚を殺してきたのだが、こんな感情になったのは初めてだ。

②水の中で太一はふっとほほえみ、口から銀のあぶくを出した。

選んだ理由もノートに書かせる。

「『こんな感情になったのは初めてだ』というのは、今までこんな感情になったことがないということだと思ったから」

「②の文より前までは、クエを殺そうとしていたけど、この文によってクエを殺さないという考えに変わったと分かるから」

太一の気持ちや考えがどのように変わったのですか。

子供の意見の一例を示す。

前「追い込まれて泣きそうになる（悲しい）気持ち」

⇦

後「やさしい気持ち」

このように山場の前後をそれぞれ確定することで、どのように変化したか分かる。

変化した原因は何か。

「変化した原因は、父だと思う。なぜなら、瀬の主のことを父だと思うことによって、瀬の主を殺さないで済んだから。」

山場は、子供なりの解釈がある。子供が根拠を持って、自分の考えを述べていれば、教師は、どんな意見も認め、褒めるようにする。

3 人物の生き方に迫る

人物像を明らかにすることで、生き方を知る手掛かりとなる。

父がしていたことに線を引きなさい。

「だれにももぐれない瀬に、たった一人でもぐっては—」である。この一文から父の人物像を考えさせる。

父はどんな人物だと思いますか。

「勇敢」、「あきらめない人」という意見が考えられる。人物像からその人の生き方が見えてくる。

同様に、「太一」や「与吉じいさ」についても行う。

「太一」、「おとう」、「与吉じいさ」の中で、誰になりたいですか。理由もノートに書きなさい。

意見をノートに書かせ、発表させて交流を図る。

↑印刷・ダウンロードはこちら

振り返りチェックシート「海のいのち」

6年（　　　）組　名前（　　　　　　　　　　　　）

①登場人物をすべて書いてください。

②場面は、全部でいくつに分けることができましたか。

③起承転結は、それぞれ第何場面ですか。

起：第（　　　　）場面

承：第（　　　　）場面

転：第（　　　　）場面

結：第（　　　　）場面

④太一は成長して、母や与吉じいさから何を背負おうとしていましたか。
　そう考える理由も、本文の言葉を使いながら書いてください。

背負おうとしているもの（　　　　　　　　）

理由：

⑤山場（クライマックス）は第何場面ですか。
　そう考える理由も、本文の言葉を使いながら書いてください。

第（　　　　）　場面

理由：

⑥「海のいのち」の感想を書いてください。
また必ず、登場人物の生き方について、あなたの考えも書いてください。

あとがき

一台端末の導入によって授業が大きく変わった。

その大きな要因は、子供の表現の幅が広がったことと、子供同士の関わりがしやすくなったことによる。

これまでは、意見を表明するためには、大雑把に言えば、発言をするか、ノートに書くかしかなかった。

しかし、発言は教室内で一人ずつしかできない。書いたノートを読み合うことも限定した人数にならざるを得ない。

それが、一台端末によって、

瞬時に、全員の考えを全員が確認し、お互いにコメントを書き合うこと
文字以外に写真やイラスト、動画など様々な資料を用いて自分の考えを表明すること
離れている場所にいても、年齢が違っていても、意見を交流し合うこと

などが可能になったのだ。

小学校高学年になれば、文章を書くだけでなく、スライド等の機能を使って考えをまとめ、プレゼンテーションをすることは当たり前になっている。

意見を補完するために、アンケートを作ったり、インタビューの動画を撮ったりする子もいる。

これまでの「チョークアンドトーク」の授業ではなくなっている。

しかし、かといって何でもかんでも子供任せで良いわけではない。

子供をひきつける、熱中させるような発問や知的な学習展開は、教師の力によるところが大きい。また、学習の題材、足場は教科書であり、教科書をどう教えるかは、授業の土台になっていることは間違いない。

本書では、「教科書の教え方」と「一台端末活用」の二つを柱として扱ってきた。読まれた先生方の実践が充実し、子供の学びを深めることにつながれば嬉しい。

最後に、本書は、向山洋一氏、谷和樹氏をはじめ、多くの先生方による実践と知の結晶として生まれた。

また、刊行にあたり樋口雅子氏には多大なるご支援をいただいた。

多くの方との関わりに感謝し、あとがきの結びとしたい。

田丸義明（神奈川県川崎市立小学校教諭）

◎執筆者一覧

山本雅博　北海道小樽市立朝里中学校教諭
森田智宏　大阪府三島郡島本町立第四小学校教諭
橋本　諒　静岡県裾野市立富岡第一小学校教諭
櫻井愛梨　兵庫県大学生
吉田知寛　東京都公立小学校主任教諭
石田涼太　兵庫県公立高等学校教諭
服部賢一　神奈川県横浜市立公立小学校教諭
榎本寛之　兵庫県公立小学校教諭
小塚祐爾　神奈川県大和市立西鶴間小学校教諭
文川健輔　千葉県公立中学校教諭
武友陽一　大阪府阪南市立上荘小学校教諭
木田健太　愛知県公立小学校教諭
辻　拓也　愛知県大府市立大府西中学校教諭
山本東矢　大阪府箕面市立豊川北小学校教諭
村上　睦　福井県教育総合研究所
五十嵐貴弘　北海道別海町立西春別小学校教諭

［監修者紹介］
谷和樹（たに・かずき）

玉川大学教職大学院教授。TOSS代表。日本教育技術学会会長。北海道札幌市生まれ。神戸大学教育学部初等教育学科卒業。兵庫県の加東市立東条西小、滝野東小、滝野南小、米田小にて22年間勤務。その間、兵庫教育大学修士課程学校教育研究科にて教科領域教育を専攻し、修了。教育技術法則化運動に参加。TOSSの関西中央事務局を経て、現職。国語、社会科をはじめ各科目全般における生徒指導の手本として、教師の授業力育成に力を注いでいる。『子どもを社会科好きにする授業』『みるみる子どもが変化する「プロ教師が使いこなす指導技術」』（ともに学芸みらい社）など、著書多数。

長谷川博之（はせがわ・ひろゆき）

早稲田大学卒。早稲田大学教職大学院卒。TOSS副代表。NPO法人埼玉教育技術研究所代表理事。日本教育技術学会理事、事務局長。JP郵便教育推進委員。埼玉県公立中学校教諭。全国各地で開催されるセミナーや学会をはじめ、自治体や学校、保育園が開催する研修に招かれ、年間80以上の講演や授業を行っている。自身のNPOでも多種多様な学習会を主催している。主な著書に『生徒に「私はできる！」と思わせる超・積極的指導法』『長谷川博之の「成功する生徒指導」の原則』『中学校を「荒れ」から立て直す』『中学の学級開き 黄金のスタートを切る３日間の準備ネタ』『中学生にジーンと響く道徳話100選』（以上、学芸みらい社）等がある。

［編者紹介］

田丸義明（たまる・よしあき）
神奈川県川崎市公立小学校教諭

水本和希（みずもと・かずき）
神奈川県横浜市立高田小学校教諭

学習者端末　活用事例付
国語教科書のわかる教え方　5・6年

GAKUGEI MIRAISHA

2022年９月５日　初版発行

監修者　谷　和樹・長谷川博之
編　者　田丸義明・水本和希
発行者　小島直人
発行所　株式会社学芸みらい社
〒162-0833　東京都新宿区箪笥町31番　箪笥町SKビル3F
電話番号 03-5227-1266
https://www.gakugeimirai.jp/
E-mail : info@gakugeimirai.jp
印刷所・製本所　藤原印刷株式会社
企　画　樋口雅子／協力　阪井一仁
校　正　菅　洋子
装　丁　小沼孝至
本文組版　橋本　文

落丁・乱丁本は弊社宛お送りください。送料弊社負担でお取り替えいたします。

ISBN978-4-86757-009-8 C3037